米国コモディティ先物取引の実相

その知られざる設計思想とメカニズム

The Art of U.S. Commodity Futures
Concepts and Mechanisms

安丸　徹［監修］
Tohru YASUMARU
髙田寛之［著］
Hiroyuki TAKADA

一般社団法人 金融財政事情研究会

監修者まえがき

昨今のコモディティ価格変動が企業収益に及ぼす影響は大きく、コモディティ先物を利用したリスクヘッジの重要性がますます認識されるようになっています。将来の売り価格あるいは買い価格を確定するという経済効果の実現だけではなく、トレード前後にはポジション管理のパートナーたるブローカーの協力も得て、取引所および当局との間で資金面と規制面のやりとりを的確に遂行することが先物業務に従事するものの必須スキルです。

本書ではコモディティ先物取引の最前線に立つフロント従事者のみならず、ミドル・バックオフィス、リスク管理の従事者、そしてヘッジ効果を確認し監督責任を果たす経営者に至るまでの幅広い読者を対象に、コモディティ先物を利用した商品価格ヘッジ業務全般で要求される必須スキルをまとめ、海外取引所を活用する場合に習熟が必要である種々の英語表現のレファレンス機能も加えました。

近世以来の歴史のある先物取引の仕組みは、1980年代以降電子執行が急速に普及した以外に基本的に大きな変化がありませんでしたが、2008年の金融危機以降の欧米の金融立法は先物取引を含むデリバティブ業務の運営の仕方に大きな影響を与えています。実務担当者の方々には本書で得られる基礎的知見をもってこうした流れに対応され、最終需要家でもある一般読者の方々にはニュースでも触れるコモディティ市場へのいっそうの理解を深めていただきたいと願うものです。

2023年7月

安丸　徹

著者まえがき

2022年、パンデミックで寸断されたサプライチェーンにロシアのウクライナ侵攻が加わったことで、エネルギー、穀物、肥料などの価格上昇が欧米で加速し、歯止めの利かなくなったインフレの波が遂に日本へも到来しました。今、わが国は1970年代の石油危機以来、実に数十年ぶりに原材料コモディティの調達が国民の生活と国家の命運を左右しかねない時代を迎えているということができます。

さかのぼれば昭和の時代から、海外での原材料商品の調達任務を担ってきたのは商社であり、その役割は今も変わっていません。一方で、意外と知られていないのが、原材料コモディティを生産国で買い付けるにあたって不可欠な米国商品先物市場でのヘッジ（保険つなぎ）業務であり、常日頃から調達輸入業務にかかわっている専門部隊のなかにも米国先物市場の仕組みとルールを正しく理解している担当者が少ないのが実情です。

われわれ２人は日本商社の米国現地法人、および米国先物清算ブローカー（Clearing FCM—Futures Commission Merchant）の社員という立場で過去25年以上にわたり、米国においてコモディティ先物市場でヘッジ業務を行う日本企業をお手伝いしてきましたが、日本とは市場概念や会計制度が大きく異なる米国での商品先物市場の仕組みは容易には理解されず、専門参考書も存在しないため、われわれ自身が日本の実務担当者にとって適切なマニュアルを書き下ろすべきではないかと年々強く感じるようになってきました。

本書が、実際に調達にかかわる商社や最終需要家のヘッジ担当者にとって座右の書となれば大変光栄です。また、インフレ下で資源や食品原材料の調達が過去に増して重要な国益を担う業務であるとの認識が高まるなか、日本が必要とするエネルギーや穀物の買付けにおいて避けて通ることのできない米国先物市場（フューチャーズ）の仕組みとルールを、この機会により幅広い読者層にもぜひ知っていただきたいと願う次第です。

なお、本書では先物取引を語るうえで一見不可欠であるように思われがちな言葉を一つだけ、いっさい使っておりません。その言葉とは「相場」であり、今ここで文字化したのが本書では最初で最後です。使わない意図は二つあります。一つはこの言葉が「価格」を意味するのか、「市場」を意味するのか、その定義がきわめて不明瞭であること、もう一つはこの言葉の醸し出すイメージが、本書でわれわれが伝えたい先物口座の管理業務というテーマにそぐわないからです。これは非常にユニークな、ある意味では風変りな「縛り」かもしれませんが、きっと本書を読み終えた時には、読者の皆様にも先物取引を語るうえでこの言葉は不要なのだとあらためて共感していただけるものと確信しております。

2023年7月

髙田　寛之

【監修者・著者紹介】

〈監修者〉

安丸　　徹（やすまる　とおる）

米国みずほ証券 先物部門マネジングディレクター。1980年より日米で銀行業務に従事、2009年より現職。CFA。

〈著　者〉

髙田　寛之（たかだ　ひろゆき）

1967年北海道生まれ。神奈川大学経済学部卒。ニューヨーク市立大学バルーク校経営学修士課程（MBA）修了。日米での先物関連企業勤務を経て、2009年より丸紅米国会社。

目　次

第1章　食品・エネルギー原材料の調達時に必要不可欠な先物市場でのヘッジ

第2章 米国先物口座の開設手順と証拠金の概念および日々の入出金プロセス

第3章 米国先物市場に係る法とレギュレーションの仕組みおよびそのリスク管理

第1章

食品・エネルギー原材料の調達時に必要不可欠な先物市場でのヘッジ

1 売りヘッジと買いヘッジ
――先物市場が他人事ではない理由

ヘッジに対する理解不足が生む悲喜劇

ヘッジという言葉は一般的に「保険つなぎ」などと訳され、最近では「リスクをヘッジする」のように原語のまま会話で用いられるようになった。その意味をインターネットで検索すると「投資対象の価格変動に伴うリスクを回避すること」と最初に出てくるのだが、そもそも投資とはその対象の価格変動から利益を得ようとする行為であるのに、価格変動をリスクであるとして回避するのは何か矛盾しているように思えてならない。

たとえば、ある石油輸入業者が中東の地政学リスクの高まりを事前に察して通常よりも多くの原油を早めに買い付けたとする。つまり、この業者は独自の企業判断に基づいて原油の現物をロングするという投資行動に出たのだが、当然ながら販売前に投資対象である原油の価格が下落して損失を被るリスクを抱えている。そこで、同社のリスク管理部は米国NYMEX（New York Mercantile Exchange―ニューヨーク・マーカンタイル取引所）の原油先物を売る（ショートする）ことで原油価格の下落リスクを「ヘッジ」すべきだと考え、それを営業部に実行させた。その後、中東情勢が予想どおり悪化して原油価格が急騰した時、同社の経営者は営業部の情報分析力と事前買付けの判断力を称賛したのだが、よくよく聞いてみると、買い付けた原油の価格上昇益を上回る金額の損失がヘッジの先物売りで発生してしまったというではないか。怒り心頭に発した経営者はリスク管理部長を呼びつけるが、その部長は価格変動による損失リスクを回避しようとしただけなのですが、と頭をかく。

あらためて、冒頭のネット検索で最初に出てきた「投資対象の価格変動に伴うリスクを回避すること」というヘッジの（あいまいな）定義が抱える自己矛盾を分析すると、投資者が自らの思惑とは逆に価格が動いた場合の損失を回避するために先物売りというリスク回避行動に出ると、思惑どおりに価格が動いた場合に得られる利益（投資本来の目的）の機会をも同時に放棄することになる、という反作用についての説明がこの定義にはない。つまり、あたかも自らの不利益になる価格変動だけを回避することが「ヘッジ」であるかのような、あるいはそのような打ち出の小槌が存在するかのような半焼きの定義が、この例で石油輸入業者のリスク管理部長が陥った悲喜劇を生むのである。

もし、自身にとって都合の良い価格変動が生む利益は享受しつつ、逆に都合の悪い価格変動による損失だけを回避することができる「ヘッジ」ツールがあるのであれば、それは必ず相応の経済的対価を伴う。たとえば本章の3で取り扱うオプションなどがその代表的な道具である。無料で生命保険や損害保険に加入することができないのと同じように、もしもに備えるためには当然ながら保険料の支払が必要となるはずである。それでは、この石油輸入業者のリスク管理部長は、コストを伴わないNYMEX原油先物の売りで、いったい何を対価として、自社に不都合な原油価格の下落リスクをヘッジできると考えたのであろうか。答えの前にまずは「ヘッジ」を正しく定義するところから始めたい。

ヘッジの正しい定義と投機家の役割

ヘッジとは「他者へリスクを転嫁する行為」と定義することができる。たとえば、貴方が自動車事故でだれかにけがを負わせてしまった際に損害賠償責任を負うという経済的リスクを回避するために自動車賠償責任保険へ加入するとする。貴方は自身が起こすかもしれない過失による事故のリスクを保険会社へ転嫁するのであり、保険会社は貴方から月額の保険料を受け取ることによって貴方にかわってリスクを引き受ける。貴方は保険会社へリスクを転嫁するという「ヘッジ」行動をとったのである。このような損害保険の例では、無事に貴方が今年も事故を起こさずに安全運転を続けた場合の損失、つまり保険料をすべてシンクコストとして失うことになるという点については通常あまり取り沙汰されないが、東京都心で一等地の天空にそびえる大手保険会社の本社ビルを見上げれば、貴方の長年にわたるヘッジコストがリスク転嫁先にいったいどれほどの利益をもたらしてきたのかを、あらためて実感することができるかもしれない。

一方、先物取引とは少額の証拠金を預託するだけで実行可能な（売買手数料以外の）コストを伴わない取引であり、保険料の支払のような目に見える対価はいっさい求められない。それではだれが貴方のリスクを引き受けるのであろうか。仮に貴方が価格下落リスクをヘッジ（他者へ転嫁）したいと考えて先物を売る場合、その買い手が貴方とは完全に対称的な立場で価格上昇リスクを同じ時期に同じ数量だけヘッジ（他者へ転嫁）したいと考えていればうまくいくのだが、そのような理想的なマッチングは残念ながらこの世には存在しない。そこで絶対に必要になってくるのが貴方のリスクを一次的に引き受ける投機家（スペキュレーター）の存在であり、彼らの介在なしにはヘッジ取引を行うことができる先物市場は成り立ちようがないのである。

投機家が存在しない先物市場を想像してみていただきたい。たとえば、貴方が来年の６月に米国から輸入する一定量の大豆の価格下落リスクを先物市場で売りヘッジしたいとする。ところが、市場で見つけることができた最も近い条件でも収穫後の11月に貴方が希望する数量の３倍でなら先物契約の買い手になれるというものであったとしたらどうか。数量にも時期にも大きな乖離があり、このような流動性のない先物市場ではヘッジ売買を実行しようがないのはだれがみても明らかである。しかし、流動性のある市場であれば話は別である。取引相手は貴方の希望どおりの条件で買い方となってくれる単独の者である必要はない。わずかな価格差に投機機会を見出して分子運動のように瞬間的な売買を繰り返すHFT（High Frequency Trading—高頻度取引）と呼ばれるプログラムから、長期的な価格トレンドを追う巨大なヘッジファンドに至るまで、規模も時間軸も売買手法も千差万別な無数のスペキュレーターが集合体として一次的に相手方となってくれさえすれば、貴方は必要な売りヘッジを正当な市場価格で迅速に実行することができるのである。投機家の持続的な参入によるマーケットへの潤沢な流動性の供給こそが、どのような条件であっても常にわれわれが自らの必要に応じて価格変動リスクをヘッジすることが可能な健全な先物市場の形成にとって必要不可欠であるという事実はあらためてよく理解しておく必要がある。

このように価格変動リスクをヘッジ（他者へ転嫁）したいという原材料の生産者、流通業者、消費者にとって必要不可欠な経済的使命に応えるのが流動性供給者（Liquidity Provider）としてのスペキュレーターの社会的役割であり、単に人工的につくりあげられたリスクを負って楽しむギャンブラーとは根本的に異次元の存在なのだが、残念なことに日本ではこの投機と賭博の明確な相違が十分に理解されず、根拠のあいまいな投機性悪説に基づく各種規制が国内の商品先物市場の流動性を枯渇させてしまったことは誠に残念でならない。

売りヘッジの基本とベーシス取引

それでは次に、ヘッジによって価格変動リスクが他者へと転嫁される仕組みを具体的にみていきたい。まずヘッジには売りヘッジ（Short Hedge）と買いヘッジ（Long Hedge）とがあり、前者は農家などの生産者が自ら供給するコモディティの価格下落リスクを他者へ転嫁する行為であり、後者は加工業者や最終需要家が、購入するコモディティの価格上昇リスクを他者へ転嫁する経済行為である。先物市場発祥の歴史やその社会的、経済的存在意義が語られる場合、おおむね最初に出てくるのは農家による収穫穀物の売りヘッジに関する逸話であろう。

その昔、たとえば１年に一度秋にしか収穫されない米国のとうもろこしは、収穫直後に供給過多となることから一度価格が下落し、保管在庫の減少に連れて再び価格が上昇していくというサイクルを毎年繰り返していたという。ところが、これでは農家はせっかく苦労して育てたコーンを１年でいちばん安い時期に売ることになってしまうため、在庫が減って価格が上昇したタイミングでも（まだ生育中で収穫する前のコーンを）売れるように先物市場が誕生したという話である。この段階ではまだ先物（Futures—フューチャーズ）ではなく先渡し（Forward—フォワード）取引なのだが、その違いについては本章の2で詳しく述べることにする。

たとえば、米国中西部の農家が秋の収穫時にコーンの価格が下落してしまっているリスクをヘッジするために、春先の今、CBOT（Chicago Board of Trade—シカゴ商品取引所）で12月に期限を迎えるコーン先物12月限（読みは「げん」ではなく「ぎり」）を売り建てたとする。この時点で農家は二つの相反するポジションをもったことになる。一つは、秋に自らが収穫予定のコーン現物におけるロングポジションで、これは収穫時に価格が上昇していれば嬉しい限りだが、反対に下落していた場合には経済的な損失を被ることになる。下落シナリオのリスクをヘッジしたのが二つ目の先物ポジションで、秋にコーン現物の価格が下落していた場合には売り建てた12月限の先物価格も下落するため、現物のロングポジションが被った機会損失を相殺する利益を先物市場から得ることができる。もちろん、逆にコーン価格が上昇した場合には収穫したコーンの現物は高く売れるが、先物のショートポジションが損失を被ることになるため、12月限先物による売りヘッジを実施した春先の時点で、この農家は収穫期にコーンの価格が今以上に上昇していた場合の潜在的な機会利益をも放棄したことになる。つまり、潜在利益機会の放棄を代償として価格下落リスクをヘッジ（他者へ転嫁）したわけだが、それは実質的に、この農家は秋に収穫するコーンの売り値を、まだ春先である今時点の12月限先物価格で決定したことになるため、このような売りヘッジのことを日本では「（売り）値決め」と呼び、このようにすでに先物市場で値決め（Pricing—プライシング）されているコモディティを米国ではPriced、あるいはFixed-Priced（Commodity）と形容する。

一方、現実の世界では現物価格と先物価格とが完璧に平行して動くことはない。両者の差であるベーシス（Basis）は「現物価格（Cash）－先物価格（Futures）＝ベーシス」と定義され、この価格も一つの独立したマーケット

図表1.1.1　原油現物買いに対するヘッジ目的の先物売り

原油ポジション	買付け時	販売時	損益
現物（ロング）	70	90	20
先物（ショート）	68	92	−24
ベーシス（ロング）	2	−2	−4

として常に変動しているのである。たとえば、前述の石油輸入業者による一連の原油取引それぞれの価格を図表1.1.1と仮定する。営業部が予想していたように１バレル当り70ドルで買い付けた原油の現物価格は販売時に90ドルまで値上りしていたのだが、その20ドルの利益よりも、リスク管理部の指示で実施した先物の売りヘッジによる24ドルの損失のほうが大きかった。表現を変えると、この石油輸入業者は最初に原油のベーシス（＝現物価格－先物価格）を２ドル／バレルでロングし、販売時にそのベーシスをマイナス２ドル／バレルで手仕舞い売りしたため、ベーシス取引によって４ドル／バレルの損失を被ったともいえるのである。つまり、ロングした原油のベーシス価格（＝現物価格－先物価格）が下落したことによって被ったきわめて単純な取引損失なのだが、事の本質が組織内で正しく理解されないままになってしまうケースも多い。この石油輸入業者のリスク管理部長のように、先物の売りによって現物のロングをベーシスのロングへ転換したという自覚さえない場合には、そもそも先物の売りによるヘッジ効果がどうのこうの、と議論のベクトルが誤った方向を指しかねない。

ヘッジに関してあらためて強調しておきたいポイントは２点である。一つ目は「ヘッジ」の定義に対する正しい理解。ヘッジとは他者へのリスク転嫁であるのだから、必ず転嫁する相手の存在が必要となり、その役割は先物市場においてはおおむね一次的に投機家が担うのだが、ヘッジによって何らかの経済的メリットを享受するのであれば、当然ながら何かしらの対価が必要になると考えて然るべきで、それが保険料のような目に見えるコストである場合もあれば、利益機会の放棄という目に見えにくい間接的な代償である場合もあるため、ヘッジに際しては、何をヘッジするために何を犠牲にしているのかを事前に明確に把握することが必須となる。

二つ目はリスク特性の変化に対する認識。この石油輸入業者は原油現物価格の下落リスクを先物の売りによってヘッジしようとしたのだが、その結果、同社のポジションは原油現物のロングから原油ベーシスのロングへと（意図せずに）転換してしまっていた。ヘッジ目的で先物、あるいは先物オプションを使う場合には、このほかにもポジションのリスク特性が時には根底から変化することもありうるので、使用目的に適したデリバティブツールを選択することはもちろんのこと、その道具特有の短所や使用上の注意にはあらかじめ精通しておく必要がある。なかでも先物オプションをヘッジに用いる場合には、先物そのものとは異なるプロパティーに対する事前の十分な理解が必須となるため、本章の３で詳しく説明したい。

先物価格が現物価格へとつながる理由

ここであらためて前述の二つの例、つまり石油輸入業者が原油先物の売りヘッジによって現物のロングからベーシスのロングへとポジションを転換したケースと、米国中西部の農家がコーン先物の売りヘッジによって自ら収穫するコーンの現物を先に「売り値決め」したケースとを比較してみたい。いずれも現物のロングポジションを先物で売りヘッジしたわけだが、前者の石油輸入業者にとって重要なのは、図表1.1.1のように原油先物を68ドル／バレルで売った際、その価格が原油現物の買い値である70ドルと比較していくら高いか安いか（つまり何ドル／バレルでベーシスをロングしたか）であり、この例で70－68＝２ドルであったものが、仮に現物価格40ドル、先物価格38ドルであったとしても、２ドル／バレルで原油のベーシスをロングしたことに変わりはない。つまり、重要なのは現物と先物の相対的な値差だけであって、売りヘッジする際の先物価格そのものの絶対水準は同社にとってまったく死活問題ではないのである。

一方で、同じようにコーン現物のロングポジション（秋に自ら収穫するクロップ）をCBOTコーン先物12月限で売りヘッジした米国中西部の農家にとっては、ここで売る先物価格がそのままコーン生産者である自身の最終販売価格の大半を決定することになるため、その生育に費やした土地、機械、種子、肥料、燃料、労働、保険等々の生産コストを十分にカバーし、かつ経営者として満足できる利益が残る価格でなければ売りたくはない。その時の現物価格と先物価格との差（ベーシス）はそれほど重要ではなく、とにもかくにも１セントでも高く先物を売りたいのである。このことは生産者である農家がほかでもない先物価格リスクの最終的な負担者であることを明確に示唆しており、このような先物の売りヘッジのことをPricing（プライシング）と呼ぶ英語も、「（売り）値決め」と呼ぶ日本語訳もきわめて的を射ているといえる。

生産者である農家の手を離れたコーンの現物は、集荷業者であるカントリーエレベーターを経由して、飼料メーカーやエタノール工場、あるいは穀物メジャーのような輸出企業の手に渡り、一部は商社によって日本へも輸入されることになるのだが、この間は基本的にベーシス価格で取引され続ける。前述のとおりベーシスは「＝現物価格－先物価格」と定義されるため、移項すると現物価格＝先物価格＋ベーシスとなり、具体的には「CBOTコーン先物12月限＋100セント／ブッシェル」というベーシス価格で集荷業者から輸出業者へと転売されたコーンの現物は、たとえば輸出業者から今度は「CBOTコーン先物12月限＋150セント／ブッシェル」で日本の商社へと渡り、船積みされていくことになるのである。

ここで重要なのが、集荷業者も輸出業者も日本の商社も、前述の＋100セント、＋150セント／ブッシェルというベーシス（あるいはPremium—プレミアムとも呼ばれる）部分に対してのみ価格変動リスクを負っているため、その基盤となるCBOTコーン先物12月限がはたして650セントであろうが500セントであろうがかまわないという点である。これは売りヘッジの例で示した石油輸入業者とコーン農家の立場の違いを振り返って理解すれば当然のことで、農家が先物価格リスク負担者であるのに対して、サプライチェーンを構成する中間流通業者は皆そうではないのである。

それでは、売りヘッジの際に先物価格リスク負担者となった生産者である農家に対して、買いヘッジの際に先物価格リスク負担者になるのはだれか。それは最終需要家という立場の人たちであり、たとえば日本へ輸入されるコーンの場合であれば国内の飼料メーカーがその代表格であろうし、米国から中国へ大量に輸出される大豆の場合であれば中国国内の搾油メーカーが、それぞれ最終的な先物価格リスク負担者として買いヘッジ、つまり米国先物市場での「(買い) 値決め」を行う責任と役割を担うことになるのである。

さらに、コーンの場合であればCBOT先物価格は過去10年間以上にわたって1ブッシェル当り300～800セント台で推移してきたのに対し、中間流通業者が価格リスクを負っているベーシス部分は、前述の例でも＋100～＋150セントとしたように、基盤となる先物価格と比較すると絶対水準が遥かに少額で、便宜上ここでは海上運賃などの物流コストや為替の影響については言及

図表1.1.2　ベーシス取引の基本

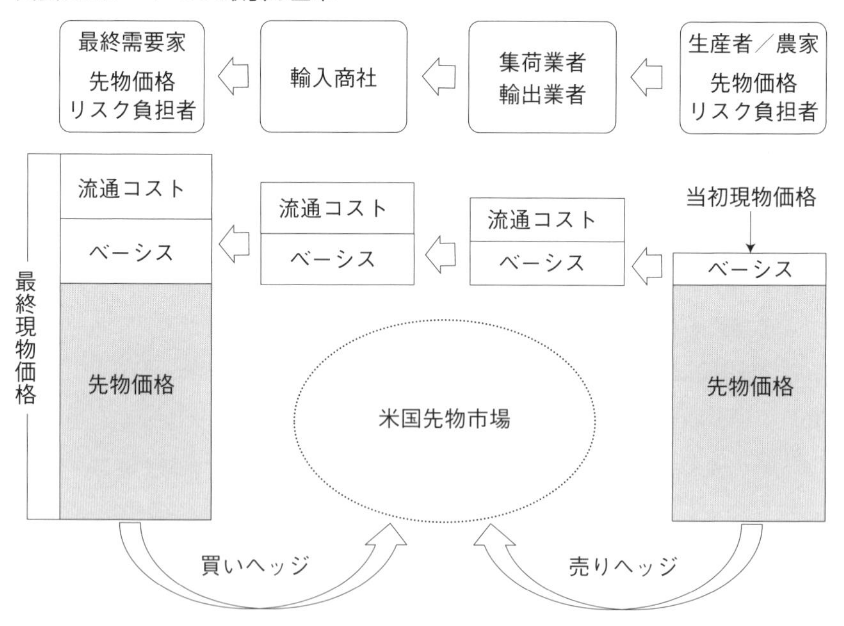

しないが、いずれにしても最終的なコーン現物価格の圧倒的に主要な部分は先物価格が占めているのである。図表1.1.2は米国産穀物に代表されるコモディティのベーシス取引において、現物価格の主要部分を占める先物価格がリスク負担者によってヘッジ（値決め）される流れを示したものである。

もちろんコモディティによってはここで述べたようなベーシス取引ではなく、ベーシスと先物価格とを合計したいわゆる「フラット」価格で取引される原材料もあれば、それに海上運賃を加えた価格に為替レートも掛けて「円貨」で取引される商品もあり、図表1.1.2で示したベーシス取引においてこそ先物価格リスク負担者ではなかった輸出業者や輸入商社が先物価格リスクをすべて負担するケースも多々ある。しかしながら、どのような取引形態であってもサプライチェーンのなかのだれかが売りヘッジと買いヘッジという、われわれの日常生活に必要不可欠な原材料コモディティの価格水準を左右する重要な経済行為の責任を負っているのである。だからこそ、テレビで原油高騰のニュースが流れる際には必ず「ニューヨークの原油先物市場では」と続くのである。この先物価格リスク負担者による売りヘッジと買いヘッジの仕組みを知ることで、どうして日常私たちが口にする食用油の店頭小売価格が米国の先物市場と関係があるのだろうかと怪訝に感じてきた人たちも、米国のコモディティ・フューチャーズが決して他人事ではないと、あらためて興味をもっていただけるのではないかと期待する次第である。

コラム 

取引所ピットの風景

日本人にとって米国のコモディティ・フューチャーズの印象といえば、原油価格が高騰した際などにニュースでテレビ画面に映し出されるニューヨーク・マーカンタイル取引所（NYMEX—New York Mercantile Exchange）のトレーディングフロアーの映像ではなかろうか。本稿執筆時の2023年現在でも、WTI原油先物価格が１バレル当り80ドルを超えたという報道の背景映像にはNYMEXのピットで屈強なフロアートレーダーたちが複雑なハンドシグナルを駆使しながら大声でビッド、オファーを叫び合う白熱したシーンが頻繁に使われている。ところが、実はNYMEXの取引所フロアーはすでに6年以上も前の2016年末に長い歴史を閉じてしまっているのである。もはや存在しないピットの映像が原油価格の報道で今もって使われているのはなぜなのか。

さかのぼればニューヨークの全商品取引所は2001年9月11日まで旧ワールドトレードセンターの第4ビル（4 WTC）に群雄割拠していた。同時多発テロで倒壊したツインタワー（1 WTC、2 WTC）を含む七つのビルの一つである。そこには原油、天然ガス、ガソリン、灯油などのエネルギー商品先物を取引するNYMEXと、その傘下で金、銀、銅などのメタル先物を取引するCOMEX（Commodity Exchange）、そして1998年に旧コーヒー・砂糖・ココア取引所（CSCE—Coffee, Sugar and Cocoa Exchange）と旧ニューヨーク綿花取引所（NYCE—New York Cotton Exchange）が合併して生まれたニューヨーク商品取引所（NYBOT—New York Board of Trade）の各市場が巨大な体育館のような空間に一堂に会して、オープンアウトクライ、つまり「叫び合い」による競りによって主要な原材料コモディティの先物価格を決定していた。

筆者がCSCEの砂糖先物のピットで働いていたのは1996～97年のことだが、当時はまだシカゴの先物市場に電子取引が導入されたばかりで、ニューヨークのフロアートレーダーたちは口をそろえて「10年後にはピットの仕事はなくなっているだろう」といいながらも、その顔は決してそうはならないだろうといわんばかりの自信に満ち溢れた表情だったのを覚えている。しかし、その約10年後の2007年にNYBOTはICE（Intercontinental Exchange, Inc.）に買収され、2012年にオープンアウトクライは142年間続いた歴史に幕を閉じる。CMEグループに買収されたNYMEXがトレーディングフロアーを廃止した2016年末でニューヨークから商品先物取引のすり鉢状のピットは完全に姿を消し、同じくCMEグループ傘下となったシカゴ商品取引所（CBOT）で1848年から続いてきたコーン、大豆、小麦などの穀物のピットも、パンデミックから最後の打撃を受けて遂に2021年８月にその役目を終えたのである。

それでも主要な原材料コモディティの価格を決める米国の先物市場といわれて、人々の脳裏に真っ先に浮かぶのは今でもピットの風景であり、オープンアウトクライの喧騒なのであろう。だからこそ原油価格が上がれば日本の報道各局は少なくとも６年以上も昔のNYMEXフロアーの映像を持ち出してくる。時事報道の正確性としては果たしていかがなものかと疑問に思わなくもないが、懐かしいトレーディングフロアーの風景がまるで今日の出来事のようにテレビ画面に映し出されると、やはりノスタルジーを感じずにはいられない。

2　先物とフォワードとスワップ ――それぞれの特性と相違と利点

先物取引の三大革命的な特徴

そもそも先物とは何か。どのように定義される取引なのか。またしてもインターネットで検索してみると、最初に出てきたのは「買い手と売り手の間で結ばれる、将来の特定日に特定価格で特定の資産を取引するという契約」という検索結果であった。多少の差異はあれども、おおむねだれに聞いても似たような答えが返ってくるのだが、これは残念ながらフォワード（先渡取引）の定義であってフューチャーズ（先物取引）の定義ではない。決定的にフォワードとは異なる先物取引の革命的特徴は次の３点に集約される。一つ目はカウンターパーティーリスクの解消。二つ目は少額の証拠金を預託するだけで取引することができる高いレバレッジ機能。そして三つ目は日々の現金による損益清算により、1日も含み損益を持ち越さないという点である。したがって、日本で時々耳にする「先物の含み損が表面化した」などという事件報道は、根本的な自己矛盾を抱える誤文である。なぜなら、先物取引（フューチャーズ）に「含み損」は存在しないし、それどころか「含み損」そのものをなくすために生まれた仕組みこそが先物取引であって、これが決定的に先渡取引とは一線を画する先物最大の特徴だからである。

それでは、これら先物取引の三つの革命的特徴はどのようにして実現しえたのであろうか。まず、取引相手に対するカウンターパーティーリスクを解消することができたのは、清算機構（クリアリングハウス）がすべての買い手に対する売り手となり、またすべての売り手に対する買い手になるというユニークな仕組みによる。売買が執行される時には買い手と売り手は取引所の電子プラットフォーム上（あるいは一部でまだ現存しているピット内）でマッチングされるのだが、仮に買い手がA社で売り手がB社であったとしても、両社はお互いの契約履行リスクを負うことはない。なぜなら、売買成立当日の取引時間終了後に決定したセトルメント価格（Settlement Price—清算値）によって、A社はその買いポジションに生じた損益を自らが先物口座をもっている清算ブローカー（Clearing FCM）を通じて翌日に清算機構との間で現金清算し、B社もその売りポジションに初日生じた損益、つまりA社の利益と同額の損失、あるいはA社の損失と同額の利益を、直接A社とではなく、やはり自らが先物口座を開設している清算ブローカーを通じてクリアリングハウスとの間で翌日に現金清算することになるからである。この一見単純な清算メカニズムの堅固さは2008年の金融危機の後にあらためて注目され、後述するスワップを含む相対（OTC—Over-The-Counter）取引をもクリアリングハウスを通じて日々清算しようとする動きが欧米では当局の指導のもとで積極的に進められることになった。清算機構の詳細な仕組みと安全弁に関しては第3章で述べることにする。

次に、二つ目の革命的特徴である少額の証拠金による高レバレッジ取引を実現しえたのは、清算機構が前述のように、買い手であるA社とも売り手であるB社とも日々損益を清算し続けるからであり、第2章の2で後述するように、市場価格変動を緻密にシナリオ分析することによって清算機構が導き出した必要証拠金額が、特定の市場参加者のポジションに当日1日で生じうる最大損失額を補える金額でさえあれば、実際に発生した損失は翌日にすぐ現金清算されるため、清算機構は（そしてすべての市場参加者は）取引相手のデフォルトリスクを実質的に負うことなく、少額の証拠金を預託するだけで、その十数倍もの時価総額をもつコモディティを売買することが可能になるのである。

そして最後に、1日も含み損益を持ち越さないという先物取引三つ目の革命的特徴こそが、実は一つ目にあげたカウンターパーティーリスク解消と、二つ目の証拠金預託による高レバレッジ実現のために必要不可欠な大前提条件となる。日を跨いで含み損益を残さないからこそ、わずか1日分の値洗い損益変動額を想定した証拠金を預託するだけで高いレバレッジを伴う取引が可能となるうえ、その日に生じた損益を清算機構と毎日現金清算することで、すべての市場参加者がカウンターパーティーのデフォルトリスクを負うことなくポジションを維持し、新規の売買を日々実行することができる。ということは、先物取引とは何かという冒頭の問いに最も究極的に答えるとしたら、先物取引とは「含み損益を生まない取引である」ということができ、ネット検索で最初に出てくるような先渡取引の説明とはまったく次元の異なる定義となるのである。この含み損益を持ち越さない日々の清算プロセスをMark-to-Marketといい、第2章の3で具体的な例を用いて詳しく説明することにする。

なお、冒頭で引用した先渡取引の定義でもある「将来の特定日に特定価格で特定の資産を取引する」という機能は先物取引にももちろん当てはまる。また、この取引を取引所の電子プラットフォーム、あるいはピットという特定の場所へと集約することで売買の効率性、アクセスの利便性、そして流動性を高め、各上場商品の規格、品質、売買単位、呼値（よびね）、受渡し条件等を標準化（Standardized）したことでこそ、前述の「三大革命」がなしえたという背景もここであらためて強調しておく必要があろう。

三大革命以前のフォワード取引

先渡（Forward）取引とは前項で述べた「三大革命」以前の先物取引であるといえる。つまり、将来の特定日に特定価格で特定の資産を取引するといういわゆるForward Pricingと呼ばれる根底の機能は先物（Futures）と同じだが、相対（OTC—Over-The-Counter）取引であることから取引相手に対するカウンターパーティーリスクを伴い、証拠金預託によるレバレッジはなく、また決済や担保条件次第ではポジションに含み損益が発生することもある。このように述べてしまうと、すべてにおいて先物取引より劣るように聞こえがちだが、一方で、標準化されている上場先物商品の規格、品質、売買単位、呼値、受渡し条件等に縛られる必要はなく、売買当事者間で取引条件をカスタマイズする自由度がきわめて高い点は先渡取引の根強い利点でもある。

先渡取引の代表格は「外国為替予約」と呼ばれる取引であり、時に「外国為替先物予約」とも称されるが、あくまでもフューチャーズ（先物）ではなくOTCのフォワード取引である。日本では輸出企業によるドル売り（円買い）、輸入企業によるドル買い（円売り）の為替予約需要に大手金融機関が日夜応えており、また1985年のプラザ合意で急速に進んだ円高をきっかけとして、そもそも国民の外国為替レートに対する関心は今でも非常に高い。その関心の高さが、後に一般投資家による外国為替証拠金取引（FX取引）の隆盛につながるのだが、対照的に基軸通貨であるドルを発行している米国では外国為替レートに対する国民の認識はきわめて低く、職業上でのかかわりでもない限り、一般の米国民はドル・円やドル・ユーロの為替レートに関する知識をほとんど持ち合わせていないといっても過言ではないくらいである。

そのため、米国でもCME（Chicago Mercantile Exchange—シカゴ・マーカンタイル取引所）にはユーロ、円、ポンドなど主要通貨の為替先物（FX Futures、旧称Currency Futures）が上場されているものの、債券、株価指数やコモディティ先物と比較すると市場の規模は小さい。市場が拡大しにくい理由の一つは、前述のように輸出入企業による為替需要が伝統的に対金融機関との相対によるフォワード取引で予約され続けているためであると考えられ、1枚当りの売買単位が12,500,000円に標準化された先物取引の使い勝手がよいかどうかも疑わしい。さらに、CMEに上場されているのはあくまでも「円」という外国通貨であり、その円が何ドルであるかを取引するFX Futuresでは、われわれが普段使っている1ドル130円などという建て値ではなく、1円0.007692ドル（＝1÷130）で取引されることになるため、そもそも英国や欧州、豪州といった自国通貨建ての為替レートに親しんだ国以外の地域に住む人たちにとっては、相当になじみにくい建て値であることも米国FX先物市場の活性化を妨げているもう一つの要因であろうと考えられる。

先物で代替可能なスワップ取引

スワップ（Swap）とは主に金利や通貨などのキャッシュフローを交換する取引と総称されるが、前述のフォワードと同じく相対取引であり、コモディティのスワップにおいてはほとんどの場合、先物取引と同様の経済効果を生むと考えれば理解しやすい。スワップを買う（Long Swap）とは固定価格（Fixed Price）を支払うかわりに変動価格（Floating Price）を受け取るという売買契約であり、決済時に変動価格が上昇していれば変動＞固定となって利益を生む。つまり、先物の買い（Long Futures）と経済効果は等しく、逆に固定価格を受け取るかわりに変動価格を支払うというスワップの売り（Short Swap）では先物の売り（Short Futures）と同様に、決済時に変動価格が上昇して変動＞固定となっていては損失を被ることになる。特にスワップ決済時の変動価格として上場先物商品の清算値を用いる場合にはこれをFutures Swapとも呼ぶ。先物のポジションとの経済効果を比較すると図表1.2.1のように整理することができる。

たとえば、A社が12月を期限とする天然ガスのスワップをB社から買うとする。この場合、スワップをロングするA社は（当事者間で合意した）固定

図表1.2.1　スワップ取引とその経済効果

スワップ取引のポジション	支払価格	受取価格	同じ経済効果を 生む先物ポジション
ロング（Long Swap）	固定価格	変動価格	ロング
ショート（Short Swap）	変動価格	固定価格	ショート

価格を支払い、スワップの売り手となるＢ社はNYMEXに上場されている天然ガス先物12月限の納会日（LTD―Last Trading Day）当日の清算値（Settlement Price）を支払うこととし、名目元本（Notional Principal）をたとえば50,000 MMBtu（百万英国熱量単位）、決済日をLTDの翌営業日、さらに担保（Collateral）としてＡ社が10千ドルの現金をＢ社のエージェントへ預ける等の契約条件を二社間で決めることになるのだが、一方でNYMEXの天然ガス先物の売買単位が10,000 MMBtuで標準化されていることから、実はこのスワップは単にNYMEXで天然ガスの先物12月限を５枚ロングすることにより同じ経済効果をつくりだすことができる。Ａ社は担保をＢ社のエージェントへ差し入れるかわりに、それよりも遥かに少額の証拠金を取引所へ預託すれば、カウンターパーティーリスクを実質的に負うこともなく、かつ12月限の納会日という期限前にもいつでも転売可能なきわめて流動性の高いポジションをもつことが先物市場では可能となるのである。

なお、先物取引の革命的特徴に関する項で、2008年の金融危機以降、スワップを含む相対取引もクリアリングハウスを通じて日々清算しようとする動きが欧米では積極的に進められていると述べたが、NYMEXの親会社であるCME Groupは特にブロック取引（Block Trade）という取引形態の普及に力を入れてきている。本来先物取引では競争原理の働いたオープン市場で売買することが正当な価格発見機能の大前提であるとして、市場外における個別の価格交渉や事前の売買アレンジ等は固く禁じられているのだが、前述のＡ社とＢ社は例外的に取引所が定めた一定の条件を満たすことで、二社間の相対で成立した天然ガス取引をCMEのクリアリングハウスへ持ち込むことができるのである。この持ち込み行為をPostingと呼び、清算機構がそれを受け入れれば、A社の買いとB社の売りはNYMEXで実行された先物取引のポジションとしてそれぞれが先物口座をもつクリアリングFCM（清算ブローカー）へと電子的に届けられることになる（コラム②「OTCから進化したベーシス先物」参照）。

また、OTC取引であるスワップにおいては、為替予約のフォワードで相手方が大手金融機関であったように、多くの場合はスワップディーラー（Swap Dealers）として当局に登録しているブローカーが取引の相手方となる。たとえば、欧州規制のもとで当面は排出する二酸化炭素の量に見合った排出権の購入義務を負うX社が、最近の排出権価格の上昇が将来も続くリスクを懸念して、今後数年間分の排出権購入価格を固定すべく、ブローカーであるY社からスワップを買うことにしたとする。スワップを買うX社は固定価格を支払い、変動価格を受け取り、売り手のブローカーY社は逆に固定価

図表1.2.2　先物で代替可能なスワップ取引

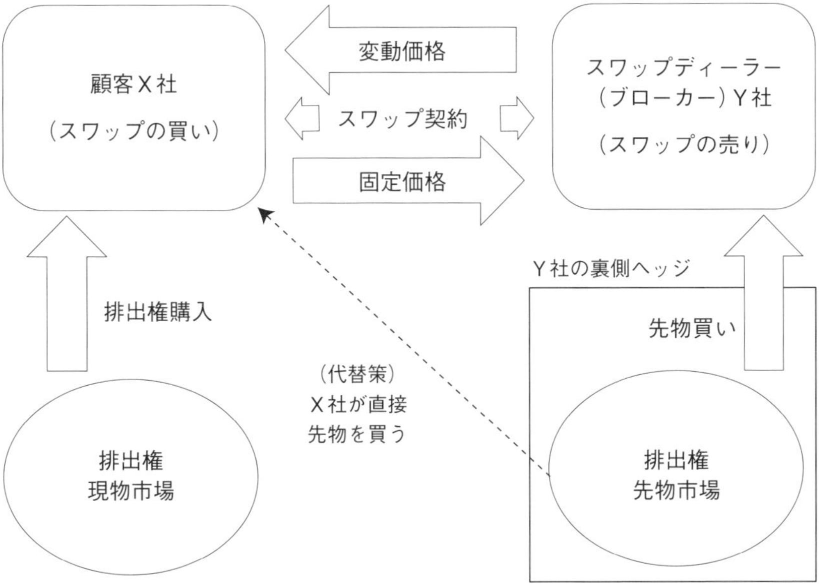

格を受け取り、変動価格を支払うことになる。つまりスワップをX社へ売ったY社は先物をショートしたのと同じ状態になるため、その経済効果を相殺するために図表1.2.2のように裏側ではマーケットでスワップをロングするか、実は多くの場合は排出権先物を買ってスワップの売りをヘッジしているのである。というよりも順番はむしろ逆で、ブローカーY社は自らがロングする排出権先物の価格にマージンを乗せてスワップの固定価格をX社へと提示しているというのが実態であり、そう考えるとX社はブローカーを相手にスワップ取引を行うより、多くの場合は単に自ら排出権先物を買うほうが経済合理性に適っているのである。もしも自社でクリアリングFCMに先物口座を開設し、排出権先物市場で買いポジションをもつまでの手順に精通していないことがブローカーY社とのスワップを選択している理由なのであれば、ぜひとも本書をそのための手引書として活用いただきたいと願う次第である。

コラム 2

OTCから進化したベーシス先物

ベーシス価格とは、第1章の1で触れたように「＝現物価格－先物価格」と定義されるのだが、その肝心の現物価格は地域によって異なるのが実情である。米国における天然ガスの現物価格を例にとると、パイプラインの集積地（Hub）であるルイジアナ州湾岸のHenry Hubにおける現物価格（NYMEXのHenry Hub天然ガス先物がベンチマークとする価格）と、シカゴ市近郊にあるCitygate（パイプラインを通じて天然ガスが地場のガス供給会社へ渡される物理的な場所）で取り出される天然ガス現物価格とでは、後者のほうがパイプラインを通した輸送コスト分だけ1 MMBtu（百万英国熱量単位）当り0. 50～0. 75ドル高くなるケースがある。

そのため、シカゴで天然ガスの現物を買う需要家にとっては、価格上昇リスクをヘッジする際に①NYMEXのHenry Hub天然ガス先物を買い建てるだけでは不十分であり、同時にシカゴの天然ガス現物とHenry Hub先物との価格差（ベーシス）を原市場とする②Chicago Basis先物をICE Futures US（インターコンチネンタル取引所）で買い建てる必要がある。つまり、Henry Hub天然ガス先物の上昇幅が1.50ドルであったのに、もしシカゴにおける天然ガス現物価格が1.75ドル上昇したとしても、価格上昇分は①によって1.50ドル、②によって0.25（＝1.75－1.50）ドル、それぞれヘッジされることになるという仕組みである。

このようなベーシス先物は、今でこそNYMEXのHenry Hub天然ガス先物と同様、取引所に上場されている先物（フューチャーズ）商品の一つだが、それ以前にはOTCのフォワード（先渡取引）として売買されてきた長い歴史をもつ。今でも取引の多くはOTCブローカーが仲介業者となって相手を見つけるか、専業ブローカーがアクセス権をもつ取引所の電子プラットフォームを経由して約定に至っており、売買成立後は（第1章の2で触れたように）ブロック取引として取引所のクリアリングハウスへ届け（Posting）られ、最終的には買い手と売り手がそれぞれのFCMにもつ先物口座に先物ポジションとして建玉されるのだが、それでも「まずは仲介業者を介した相対取引として成立している」ことから、いまだにベーシス先物を「ベーシススワップ」と呼んだり、OTC取引と（誤）認識したりすることも多い。もちろんこれは純粋な相対取引が主流であった時代の名残である。

なお、このベーシス先物のようにもともとはOTC取引であった商品が先物取引へと進化していく過程では、市場外で相対によって成立させることを例外的に認めるブロック取引を（その名のとおり）まとまった数量の売買に限定していた取引所が、2010年代前半から数量条件を大幅に引き下げたことにより、数量の小さな多くのOTCベーシス取引もブロック取引の形態で先物取引へ組み込まれていったという背景もあわせて記憶しておきたい。

各取引の特性と相違と利点

これまでみてきたように、先物とフォワードとスワップはいずれも将来の特定日に特定価格で特定の資産を売買するという根本的には類似した取引ではあるが、それぞれの特徴と相違点、利点、および欠点を十分に理解することが、より賢明な選択と代替を行うためには必要である。図表1.2.3の比較表を参照されたい。

図表1.2.3　先物・フォワード・スワップ比較表

	先物（Futures）	フォワード	スワップ
取引形態	取引所取引（Exchange -Traded）	相対取引（OTC）	相対取引（OTC）
契約書類	FCMごとの基本契約書（Account Forms）	各社各様の取引確認書	ISDA（International Swaps and Derivatives Association）マスター契約書に準ずる
取引内容	標準化（Standardized）カスタマイズ不可	当事者間で個別に決定	当事者間で個別に決定
信用リスク	清算機構が取引相手となることから低リスク	カウンターパーティーリスク有り	カウンターパーティーリスク有り
売買流動性	高	低	低
価格透明性	高	低	低
現物受渡し	商品次第で差金決済も	あり	なし
レバレッジ	あり	なし	なし
必要資金	少額の証拠金預託のみ	交渉による（追加）担保	CSA（Credit Support Annex）を締結して追加担保の差入条件をあらかじめ決定するケースも

3 オプションに係る必要知識
——入門書が語り足りないポイント

対価の支払を伴う先物代替ツール

本章の１で定義したようにヘッジとは「他者へリスクを転嫁する行為」であり、もし、自身にとって都合の良い価格変動が生む利益を享受しつつ、逆に都合の悪い価格変動による損失リスクだけを他者へ転嫁することができるヘッジツールを手に入れようとすれば、そこには必ず相応の経済的対価の支払が生じる。その代表的な道具がオプションであり、たとえば、自宅が不慮の火災で焼失してしまうような万が一のリスクをヘッジすべく、火災保険という「オプション」を購入してリスクを保険会社へ転嫁する、と考えればわかりやすい。保険会社はそのリスクを引き受ける対価として、加入者から月々の保険料を受け取るのである。

ここで再び本章１冒頭の石油輸入業者の例を振り返ると、中東の地政学リスクの高まりを事前に察して通常よりも多くの原油を早めに買い付けた際に、同社のリスク管理部はNYMEXの原油先物を売って価格下落リスクを営業部にヘッジさせたのだが、予想どおりに中東情勢が悪化して原油価格が急騰した時には、せっかく買い付けていた原油現物の価格上昇益が、ヘッジのために売った先物の損失によってすべて相殺されてしまっていた。それでは、もしこの石油輸入業者が先物を売るかわりに原油先物のプットオプション（Put Option）を購入していたとしたら結果はどのように変わっていただろうか。プットオプションとは対象となる先物を期限内に、あらかじめ決められたStrike Price（権利行使価格）で売ることができる権利であり、それをPremium（プレミアム）と呼ばれる保険料を支払うことによって購入するのだが、その権利は当然ながら先物価格がストライクプライスを下回らない限りは行使するに値しない。火災保険の支払保険料が多くの場合に「掛け捨て」として消えてしまうように、原油先物価格が権利行使価格以下へと下落する事態に至らなければ、購入したプットオプションも期日を迎えて消滅するため、当初支払ったプレミアムの金額が、この石油輸入業者にとっては失う可能性があるヘッジコストの最大額ということになるのである。

図表1.3.1は同社が原油の現物を70ドル／バレルで買い付けた際に、価格下落に対するヘッジとして、先物を売るかわりに（現物の販売時を期限とする）権利行使価格60ドルの原油先物プットオプションを３ドル／バレルのプレミアムを支払って購入した場合の損益を示したものである。販売時に原油現物価格は90ドルへ、同先物価格は92ドルへと上昇していたため、結局プットオプションは「掛け捨て」に終わったわけだが、ヘッジに要したコストは最初に支払ったプレミアムの３ドルだけで、この石油輸入業者は最終的に原油現物価格の上昇幅20ドルに対してネットで17ドル／バレルの価格上昇益を得ることができた。これは先物の売りで価格下落リスクをヘッジしようとして逆に価格上昇による潜在的な利益をすべて失うことになった図表1.1.1の結果を明らかに上回る内容であり、相応の経済的対価（プレミアム）を支払うことで、自社にとって都合の良い価格変動が生む利益を可能な限り享受しつつ、逆に都合の悪い価格変動による損失リスクだけを他者へ転嫁しようとしたヘッジ戦略がある程度機能した例である。先物の売りヘッジはプットオプションの買いによっても一部代替可能であることが見て取れる。

ところが、もし逆に原油価格が下落したとしても、権利行使価格60ドルのプットオプションを３ドルのプレミアムを支払って購入しているということ

図表1.3.1　プットオプション買いによるヘッジ効果（原油価格上昇時）

ポジション	当初の価格	販売時の価格	損益
原油現物の買い	70	90	20
原油先物価格（ポジションなし）	68	92	
原油先物60ドル・プットオプションの買い	3	0	－3
合計損益			17

は、原油先物価格57ドル／バレルがこのプットオプション買いの損益分岐点ということになり、57ドルを下回らない限りは仮に原油価格が下落してもヘッジの効果は生まれない。ということは図表1.3.2のように原油の現物、および先物価格の下落幅が20ドル程度では、現物のロングポジションが被る損失のわずか一部分（この例では5ドル／バレル）しかプットオプションの買いによるヘッジでは補われないということであり、ヘッジ戦略を練る段階で、複数のプットオプションの限月や権利行使価格を比較するなど、ポジション全体のリスク／リワードに鑑みて取りうる選択肢を事前にもっと検討する必要があったということでもある。

このように、プットオプションの買いは先物による売りヘッジの代替ツールになりうるのだが、図表1.3.1と図表1.3.2の相違からも見て取れるとおり、そのヘッジ効果は決して単純に先物の売りと比較できるものではない。これはそもそもオプションという道具の性質が先物のそれとは異なるからで、たとえば先物が直線定規だとすれば、オプションは立体分度器のようなもので、当たり前のことだが、直線定規と同じ使い方では立体分度器を扱うことができないように、オプションを使うにはその道具としての使用目的、特徴、長所・短所をまず理解する必要がある。その理解不足が（特に日本では）次にあげるような都市伝説を生むことになった。

図表1.3.2　プットオプション買いによるヘッジ効果（原油価格下落時）

ポジション	当初の価格	販売時の価格	損益
原油現物の買い	70	50	−20
原油先物価格（ポジションなし）	68	52	
原油先物60ドル・プットオプションの買い	3	8	5
合計損益			−15

オプションを取り巻く三つの都市伝説

都市伝説１：コールオプションの買いは先物価格が上昇すれば利益を生む？

プットオプションの買いが先物売りの代替となりえたように、コールオプションの買いで先物の買いを代替することも可能である。コールオプション（Call Option）とは、対象となる先物を期限内に、あらかじめ決められたストライクプライスで買うことができる権利であり、たとえば、ロシアによるウクライナ侵攻開始から１年が経過した2023年２月に、事態の長期化によってCBOTの小麦先物価格が750セント／ブッシェルから再び大きく上昇することを懸念した製粉メーカーが、小麦の価格上昇リスクをヘッジする目的で、半年以上先に期限を迎える９月限で権利行使価格850セント／ブッシェルのコールオプションを40セントのプレミアムを支払って購入したとする。その後、危惧していたとおり小麦の先物価格は上昇基調をたどり、８月に870セントまで上昇したとすれば、２月当時の先物価格750セントからは実に120セント、16％もの大幅上昇である。そこで同製粉メーカーがヘッジの効果を確かめるべくCBOT小麦先物９月限の850コールオプションの市場価格を調べてみると、マーケットでは現在プレミアム25セント前後で売買されているという。半年以上も前からきたる先物価格の上昇をコールオプションの買いでヘッジし、その懸念どおりに先物価格が16％も上昇したのに、40セントのプレミアムを支払って購入した肝心のコールオプションは８月現在で25セント、つまり37.5％も価値を失っていたのである。

この理由は、オプションという道具にいわゆる「時間的価値」と呼ばれる先物にはない性質があることによる。時間的価値（Time Value）という名称は実はあまり適切なものではなく、金利を考慮すれば今日のお金が明日のお金よりも価値があるとする金融用語のTime Value of Money（貨幣の時間価値）と混同されやすい。オプションのTime Valueとはむしろ「期待価値」や「不安価値」と表現すべきものであり、時間だけが生む価値ではないのである。たとえば、同年齢の２人が同額の保険金を補償する生命保険に加入しようとした場合、仮に１人が喫煙者であったとしたら、保険会社は非喫煙者に提示する月額保険料よりも高い保険料を喫煙者に対して課すはずで、両者の差額は保険会社が喫煙者である加入希望者に対して抱いた「不安価値」に起因する。また、それらの期待価値や不安価値はいずれも時間の経過に連れて加速度的に減少するという性質をもつ。たとえば、今10歳の子どもが将来医者になりたいといえば、仮にその子の学校の成績が現時点であまりよくなかったとしても、時間的な要素を考えればその子が将来医者になる「期待価値」は大きい。ところが現在50代の筆者が将来医者になりたいと言い出したらどうか。たとえ本人がどれだけ正気であろうと、多くの時間が残されていない筆者が医者になれる期待価値、つまりオプションのTime Value（時間的価値）は最初からわずかで、かつ日々急速に減少（Time Decay）していくことになるのである。

この（先物にはない）オプション特有の性質を理解していれば、小麦先物９月限850セントのコールオプションが、もはや８月時点では製粉メーカーが「期待」していたほど「不安」要素を価格（プレミアム）に残していなかったという事実も納得することができるであろう。

都市伝説２：先物価格がストライクプライスを上回ったらコールを権利行使すればよい？

それでも８月時点で小麦先物価格は870セント／ブッシェルと、前述の製粉メーカーがヘッジのために購入していた９月限コールオプションのストライクプライスである850セントを上回っていたのだから、同社はオプションを権利行使すべきなのであろうか。

もっているコールオプションを権利行使するということは、CBOT小麦先物価格が870セント／ブッシェルの今、同社は権利行使価格の850セントでこの９月限先物をロングすることができるのだが、一方で、このコールオプションをその時の市場価格である25セント／ブッシェルで転売し、別途小麦先物９月限をその時の市場価格である870セントで買い建てた場合はどうか。これなら実質的に先物を845セント（＝870－25）でロングできるため、ストライクプライス850セントのコールオプションを権利行使するよりも安く先物を買えたことになる。つまり、権利行使せずにオプションを転売するのが正解なのである。

8月時点で小麦先物9月限は870セント／ブッシェルと、同製粉メーカーがロングしているコールオプションの権利行使価格850セントを20セント上回っていた。この20セントは同オプションの「本質的価値」(Intrinsic Value) と呼ばれ、コールオプションであれば「＝先物価格－権利行使価格」、プットオプションであれば「＝権利行使価格－先物価格」と定義される。一方で、9月限850セントのコールオプションが8月の今25セントで転売できるということは、本質的価値である20セントよりも5セント高く売れるということであり、この5セントこそが残された「期待・不安価値」(Time Value) なのである。納会期日前にオプションを権利行使するという行為は、その残存価値を捨ててしまうことにほかならず、オプションの買い手が決してとってはならない御法度であるということをあらためて強調しておきたい。

都市伝説3：オプションの売りは損失無限大？

ここまではプットオプション、コールオプションをそれぞれ買った場合について話を進めてきたが、もちろんオプションの売りもヘッジのための有効なツールになりうる。オプションを保険と考えた場合、保険加入者と保険会社のどちらが多くの利を得ているのかをみれば、実は売り手に利があるのは火をみるよりも明らかで、一般的にオプションの約80％は無価値となって消滅するといわれている。つまり、売り手の勝率が8割にも達するのである。たとえば、小学3年生の男の子に将来の夢を聞けば、クラスで十数人は「サッカー選手」と答えるであろうが、ほとんどのクラスからは実際にプロのサッカー選手は生まれないわけで、その夢が実現するという期待価値は、彼らが大人になるに連れて減少し、いずれは消滅することになる。「サッカー選手になれるかもしれないオプション」の買い手は、常に時間の流れを味方につけているオプションの売り手には容易に勝てない仕組みになっているのである。

それにもかかわらず、日本では不思議なことに「オプションの売り」自体を禁じている企業がいまだにある。その理由は「損失が無限大」だからというのであるが、一方で先物のロングや、同様に損失が無限大となる先物のショートが禁じられていないのはなぜであろうか。

図表1.3.3は先物の損益直線とオプションの納会時の損益図をまとめたものである。上段の三つの図はすべて左肩上がり、あるいは右肩下がりとなっており、先物の売り(A)がコールオプションの売り(B)によっても、またプットオプションの買い(C)によっても一部代替できること、および(B)と(C)を合成すると(A)になることを示している。注目したいのはコールオプションの売り(B)の納会時の損益図で、右肩下がりの損益線はたしかに「損失無限大」の可能性を示唆しているのだが、それと先物の売り(A)の損益図が示す右肩下がりの直線との間には何の相違も存在しない。それにもかかわらず、先物のショートは問題視せずにコールオプションの売りは「損失無限大」であると騒ぎ立

図表1.3.3　先物とオプション納会時の損益図

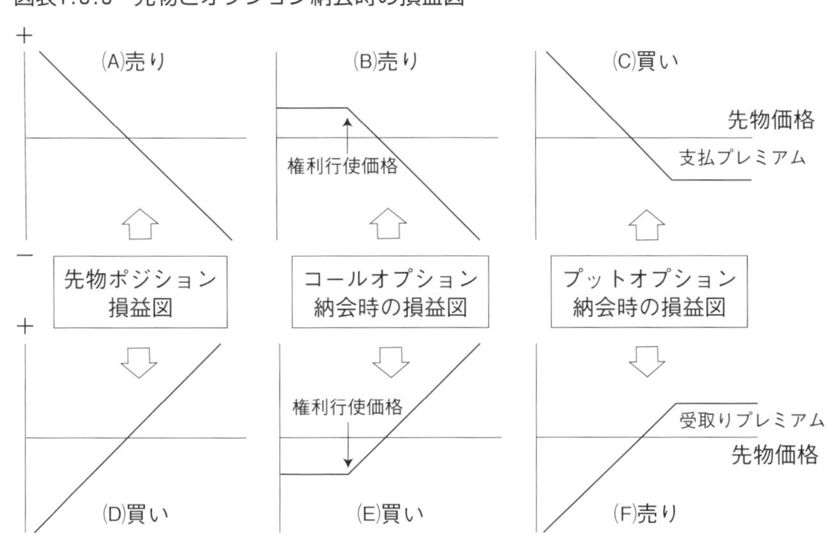

てる理由は、少なくとも納会時の損益図からは見て取ることができないのである。

次に、図表1.3.3の下段では上段とは対照的に三つの図がすべて左肩下がり、あるいは右肩上がりで、先物の買い(D)がコールオプションの買い(E)によっても、プットオプションの売り(F)によっても一部代替が可能なこと、および(E)と(F)、つまりコールオプションを買って、プットオプションを売ると、先物買い(D)の損益線を合成することができることを示している。ちなみに(B)と(C)をあわせてつくった(A)を先物の合成ショート（Synthetic Short）、(E)と(F)とでつくった(D)を先物の合成ロング（Synthetic Long）と呼ぶ。下段でもプットオプションの売り(F)が先物価格の下落に伴って左肩下がりに損失を拡大させていく様子は見て取れるものの、その損益線の傾きは先物の買い(D)のそれと等しいため、やはり先物の買いを認めておいてプットオプションの売りを認めない理由は見当たらない。

それでは都市伝説３はどうして生まれたのだろうか。オプションにとってはきわめて重要ながら、先物には存在しない性質として、期待と不安を反映した「時間的価値」の存在をあげたが、それ以外にもオプションには先物が持ち合わせていないプロパティーが幾つもあり、これらに習熟しないまま、オプションの入門書に必ず掲載されている図表1.3.3で示した納会時の損益図にだけ慣れ親しんでしまうと、一部の企業がオプションの売りを禁じるに至った本来の理由を理解することはできない。

ギリシャ文字が示唆する曲線世界のリスク

前述したように、図表1.3.3に示したオプションの損益図はいずれも納会時の姿であり、実際のオプションではその存在期間を通じて損益図を直線で描くことはできない。図表1.3.4はコールオプションをロングした際に、損益曲線Xが時間の経過に伴う価値の減少によって納会時の損益線Ｙへと姿を変えていく過程を下向きの矢印で示したものである。ところが、オプションの時間的価値（Time Value）は時間そのものだけではなく期待や不安をも織

図表1.3.4　コールオプション買いの損益曲線

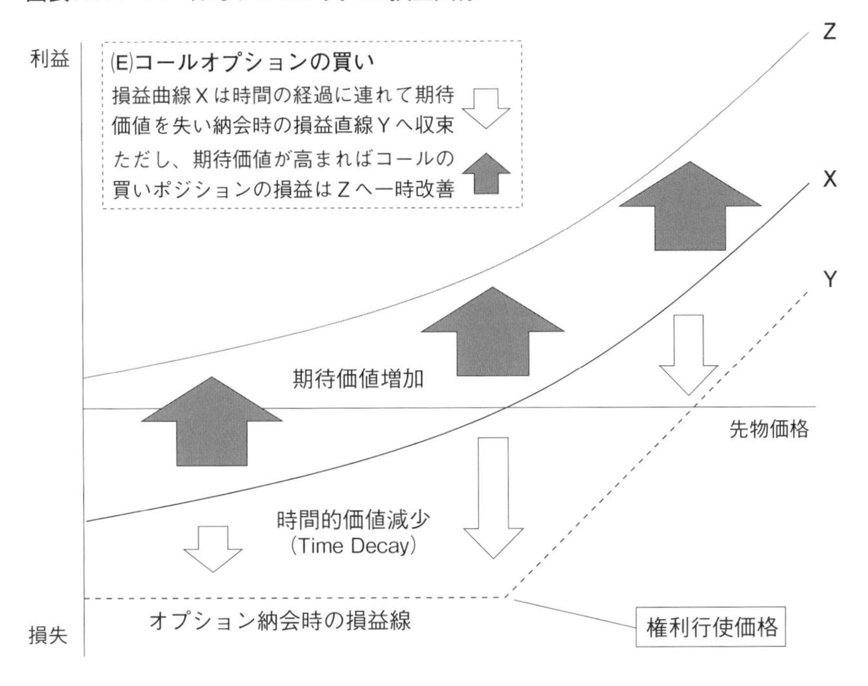

り込んだ価値であることから、もし期待や不安が高まれば、一時的にXからYへと向かう価値減少のベクトルを一転させてZへと再びオプション価格が高くなることもありうるのである。たとえば、高校入学当初から成績の芳しくなかった生徒が希望の大学へ進学できる確率は、成績が改善しないまま進級していけば、XからYへの時間価値減少と同様に日々低くなっていくが、もし3年生になってから受けた模擬試験で突然「合格確実圏」と判定される好成績を収めたとしたら、彼が志望大学に合格する期待価値は時間の経過に逆行して急にZへと高まることになるのである。

この上向きの矢印で示した期待価値（あるいは不安価値）の上昇をオプション市場では「インプライド・ボラティリティー（Implied Volatility）の上昇」と表現する。ボラティリティーとは一般的に価格変動率と訳され、「過去の」一定期間の値動きを百分率で示したものだが、オプションのインプラド・ボラティリティーとは過去の価格変動率ではなく、その時のマーケットがオプションの価値（プレミアム）に反映（Implied）させている「将来の」原資産の価格変動率で、別の言い方をすると、その資産に対する期待価値と不安価値の市場コンセンサスをパーセントで示した値である。たとえば、前述の高校生が模試の好成績によって周囲（マーケット）からおそらくは希望する大学に合格するであろうと認識されれば、その生徒を原資産とするオプションのインプライド・ボラティリティーは何％も急上昇する。これを視覚的に表したのが、図表1.3.4における損益曲線ＸからＺへの急速な上方シフトということになるのである。

期待価値の増加に伴うインプライド・ボラティリティーの上昇はオプションの買い手にとっては歓迎すべきことだが、売り手にとっては災難でしかない。たとえば図表1.3.5のように、プットオプションの売り手の損益曲線Ｘは時間の経過に連れて納会時の損益線Ｙを目指して徐々に上へと移動していくため、売り手にとっては原資産である先物の価格がオプションの権利行使価格を上回ったまま、当初受け取ったプレミアムが最終的に利益として手元に全額残るのが理想的なシナリオということになる。ところが、その過程でインプライド・ボラティリティーが上昇すれば、売り手にとっての損益曲線は一転してＺへと下方シフトしてしまうのである。たとえば、大手航空機メーカーの株価を原資産とするプットオプションでは、もし同社製の航空機が事故に遭えば、仮にその事故原因がメーカーの落ち度でなかったとしても、市場における不安価値の高まりを受けてプレミアム価格が急上昇するはずである。こうして時に非常に激しいインプライド・ボラティリティーの上昇によってオプションの売り手が突然予想外の損失を被ったことが、「損失無限大」という都市伝説３の誕生に寄与したことは想像にかたくない。

このように先物とは異なり、オプションには原資産価格の上下だけでは損益を把握することのできないプロパティーが複数存在し、それらはそれぞれ特有のギリシャ文字（Greeks）によって表される。たとえば、残存日数の減少に伴ってオプション価格がどれだけ減少するかを示す指標はセータ

（Theta、θ）と呼ばれ、図表1.3.5のように時間の経過が味方となるオプションの売り手はセータロング、逆に図表1.3.4のように時間の経過によって保有ポジションが資産価値を損なうことになるオプションの買い手はセータショートであると表現される。また、インプライド・ボラティリティーの変動に対するオプション価格の変化はベガ（Vega、ν）で示され、図表1.3.4のように期待・不安価値の上昇によって保有ポジションの市場価値が高まるオプションの買い手はベガロング、逆に図表1.3.5のようにインプライド・ボラティリティーの上昇によって損失を被ることになるオプションの売り手はベガショートであると表現される。

唯一、先物とも共通して用いられるデルタ（Delta、Δ）が方向性リスクを表す指標で、原資産である先物の価格変化に対するオプション価格の変化を示す。たとえば、買い建てているコールオプションのデルタが0.5であれ

図表1.3.5　プットオプション売りの損益曲線

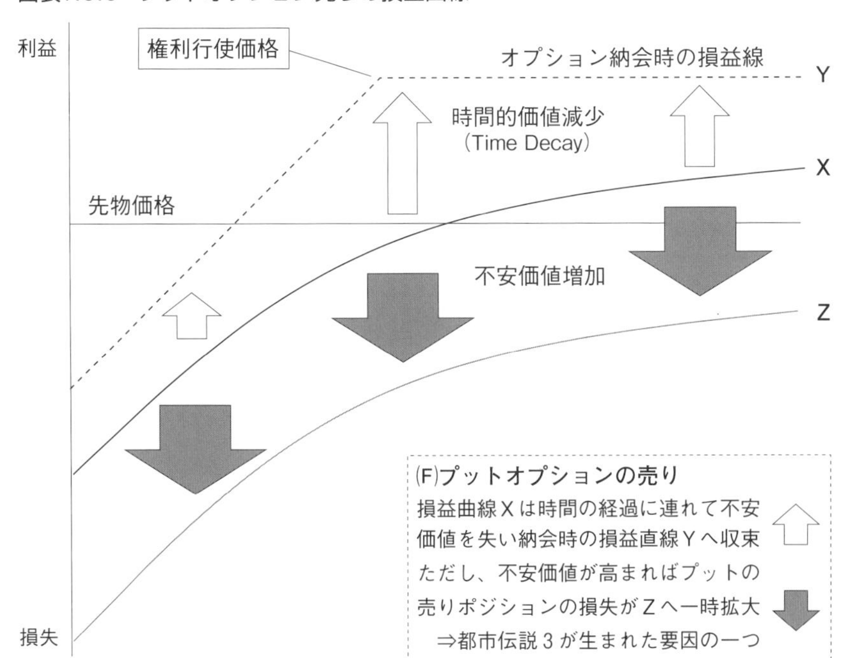

ば、先物価格が1ポイント上昇した際に、そのコールオプションの価格が0.5ポイント上昇するであろうことを示唆している。この状態をデルタロングと表現し、先物価格が上昇すればオプション価格も上昇するのだが、その割合が1：1ではなく1：0.5であることから、0.5枚分の先物をロングしているともいえるし、右肩上がりの損益線の傾きが0.5であるということもできる。ただし、オプションの損益図は納会するまで曲線でしか示すことができないため、オプションのデルタとは、その時点の先物価格を接点としてオプションの損益曲線上に引いた接線の傾きなのである。そのため、市場参加者やリスク管理者は、その接線の傾きによって先物の何枚分に相当するロング、あるいはショートポジションを保有していることになるのか、つまり原資産の方向性に対する保有ポジションのリスクをタイムリーにモニタリングし続ける必要がある。図表1.3.3で示したように、デルタ＋1と表現される先物のロング(D)を代替しうるコールオプションの買い(E)やプットオプションの売り(F)では、損益曲線との接線が必ず右肩上がりになるためデルタロング。デルタ－1と表現される先物のショート(A)を代替しうるコールオプションの売り(B)やプットオプションの買い(C)では損益曲線との接線が右肩下がりのため、デルタショートとなる。

図表1.3.6は先物のロング(D)の代替となりうるプットオプションの売り(F)を使ってデルタの概念を簡単に示したもので、①原資産である先物価格がXからYへ下落すると、②同オプションの損益曲線との接点も右から左へと移動するため、③その接線の傾き（つまりデルタ）が大きくなる。デルタロングが増加するということは、先物に換算した場合の買い数量が多くなるということであり、このポジション（プットオプションの売り）が原資産の価格方向性に対してリスクを拡大させたことを意味している。

また、この例からも容易に見て取れるように、先物価格のわずかな上下に連動してオプションの損益曲線に対する接線の傾きも変化するため、あくまでもオプションのデルタ値とはその瞬間の状態を点としてとらえた方向性リスクの指標にすぎない。たとえば、先物価格が同じ幅だけ変動したとして

図表1.3.6　先物価格変動に伴うデルタの変化（ガンマ）

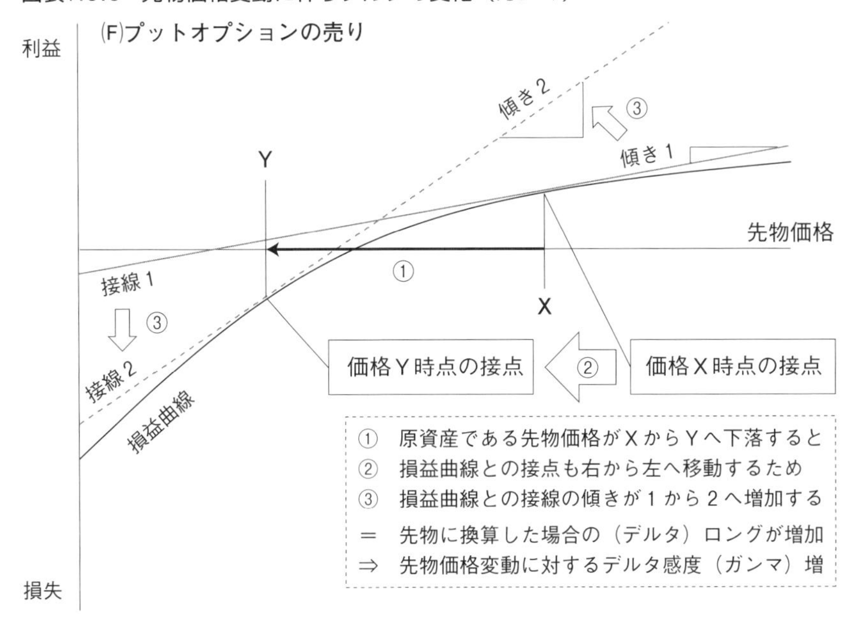

も、X点とY点におけるデルタ（接線の傾き）は、プットオプションが本質的価値をもっているY点でのほうが大きく変化するのは明らかで、この先物価格の変動に対するデルタの変化率もガンマ（Gamma、Γ）という重要なオプションのリスク指標の一つである。たとえば、オプションを買った場合の損益曲線は図表1.3.4のように下に凸、つまり口角の上がった笑顔の口元のような線を描くため、原資産である先物価格が上昇すればするほど、そのコールオプションを先物に換算した場合のロング（デルタ）が増えていき、加速度的に利益も拡大する。またプットオプションを買った場合にも損益曲線はやはり下に凸のスマイル型となるため、先物数量に換算した場合のショート（マイナスのデルタ）は原資産の価格下落によって（利益をふくらませながら）増えていくことになる。これはオプションの買いが常にいわゆる「順張り」の状態をつくりだすことを意味しており、原資産価格が上昇すればオプションのデルタがロングへ傾き、下落すればショートへと傾くポジ

ションをガンマロングと呼ぶ。オプションを買うということは、すなわちガンマをロングするということなのである。

一方で、図表1.3.5、および図表1.3.6のように、プットオプションを売った場合の損益曲線は常に上に凸、つまり口角が下がった「への字」口のような線を描くため、原資産価格が下落すれば、接線が右肩上がりへとさらに傾き、先物に換算した場合のロング（デルタ）が増えていくことになり、先物価格が下落し続けた場合にはデルタのロングが増える「逆張り」によって損失を拡大させていくのである。コールオプションを売った場合にも損益曲線の「への字」型は同様で、原資産価格の上昇に連れて今度は接線が右肩下がりへ傾くため、先物価格が上昇すればするほどデルタのショートが増えていってしまう。このように、原資産価格の変動に対するデルタ増減の度合いを示すガンマというプロパティーは、オプションの買いで常にロング、オプションの売りで常にショートとなるため、たとえば図表1.3.6で、仮にもともとX点では先物に換算して100枚前後のロングであったデルタが、先物価格が下落して（損失を拡大させつつ）Y点へ達した時には、接線の傾き増加が示すようにガンマショートの効果のせいで、たとえば先物換算で150枚の買いに相当するロングへと増加してしまっていることになる。時として先物価格がY点からさらに下落し、デルタロングの増加と損失の拡大が連鎖していくようなリスクの要因は、オプションを売ることによってのみ生まれるガンマショートという「への字」型の損益曲線にあり、この曲線のプロパティーこそが、前述したベガショートとともに、「損失無限大」という都市伝説3を生むもう一つの要因になったものと推測されるのである。

ギリシャ文字（Greeks）で示されるオプションの各リスク指標を理解するのは決して容易ではないかもしれないが、たとえば、工具の使途、特徴や長所、短所を把握せずに日曜大工を始める人がいないように、ヘッジのツールとしてオプションを使うのであれば、デルタ、ガンマ、セータ、ベガの四つは最低でも知っておく必要がある。これを理解しないままオプションを売買したり管理したりしようとするのは、三次元の曲線世界へ直線定規一本で乗

図表1.3.7　各ポジションにおけるGreeksのロング（＋）・ショート（－）

プロパティー対象	ギリシャ文字 Greeks	先物売り（A）	コール売り（B）	プット買い（C）	先物買い（D）	コール買い（E）	プット売り（F）
先物価格の方向性	デルタ（Δ）	－	－	－	＋	＋	＋
先物価格の変化に対するデルタ変化	ガンマ（Γ）		－	＋		＋	－
時間的価値の減少	セータ（θ）		＋	－		－	＋
インプライド・ボラティリティー	ベガ（ν）		－	＋		＋	－

り込むようなもので、無知がたたって「オプションの売りは損失無限大」などという都市伝説3を流布するだけに終わる可能性が高い。図表1.3.7は四つのギリシャ文字で表されるオプションの代表的なリスク指標におけるロング（＋）とショート（－）を、それぞれのポジションに応じた一覧表としてまとめたものである。繰り返しになるが、このなかで先物の売り買いにも存在するのは方向性リスクを示すデルタのみで、他の曲線のプロパティーはすべてオプションにしか存在しない。

先物とオプションの清算上の相違点

米国でオプションについて語る場合には、まず対象となる原市場（あるいは原資産、Underlying Contract）を明らかにしておく必要がある。たとえば、米国の株式市場を象徴するS&P 500 Index（スタンダード・アンド・プアーズ500種株価指数）を原市場とするオプションはCBOE（Chicago Board Options Exchange—シカゴ・オプション取引所）に上場されている「現物オプション」であり、SEC（U.S. Securities and Exchange Commission—米証券取引委員会）の管轄下であるのに対して、S&P 500 Index先物を原市場とするオプションはCMEに上場されている「先物オプション」であり、CFTC（Commodity

Futures Trading Commission―商品先物取引委員会）の管轄下に置かれている。行政機関同士の縄張り争いという側面も無視することはできないが、原則として「先物」に関する取引はすべてSECではなくCFTCが管轄するということになる。

その一方で、先物オプションの清算はStock-Type Settlementと呼ばれる株式市場と同様の仕組みで行われており、Futures-Type Settlementと呼ばれる先物の清算方法とは異なる。本章の2で、先物取引最大の特徴は「含み損益を生まない取引である」と述べたとおり、先物ではたとえポジションを反対売買していなくても、毎日その日の清算値によってクリアリングハウスと損益を現金清算する。ところが、先物オプションでは「仮に当日の終値で反対売買した場合に得られる市場価値」が算出されるだけで、反対売買するまでは利益も損失も「未実現」のままなのである。そもそもオプションは先物とは異なり、売買時に現金の受払いが行われる取引であり、プレミアムを支払ったオプションの買い手には購入時の現金拠出以外にもはやリスクがない。当然ながら証拠金を預託する必要もなく、そのオプションが期日で納会を迎えるか、あるいは転売するまでは、あたかも現物株式を購入した場合のように含み損益を反映した市場価値を眺めるだけの日々が続く。一方で、取引時にプレミアムを受け取ったオプションの売り手は、先物のように損益を毎日現金清算しないかわりに、未実現損益を反映した額の証拠金をクリアリングハウスへ預託することになるのである。この清算方法の相違に関しては第2章の3であらためて詳しく述べることにする。

コラム 3

単位のない世界

本書では日本の先物取引と同じように米国先物も枚（まい）という単位で記述しているのだが、「ところで実際に英語ではどのような単位を使うのですか」とよく聞かれる。しかしながら、答えは「単位などありません」となる。たとえば、NYMEXによって売買単位が1,000バレルと標準化されている原油先物の６月限を１枚だけ成り行きで（その時のオファー価格で）買いたいときは、"Buy One June Crude Oil at Market"といい、Ｅメールなどで文字にして伝えるときでも"Buy 1 CLM at Market"(CLMは原油の商品コードCL＋６月限の限月コードＭ）と、単位を付けずに数字の"1"だけを記し、"1 Contract"とも、"1 Lot"などとも書かない。「６月限原油先物（June Crude Oil)」は常に1,000バレル単位で取引されると決まっており、それを「いくつ」売り買いしたいのか、その答えは数字だけであって、そこにはいかなる単位も記載不要である。

この感覚は日本で教育を受けて育った人にはなかなか理解してもらえず、また受け入れがたいことのようで、なんとかして単位をつけねばと、挙句の果てに"1 Cont."などと書いてくる。そして筆者はそのＥメールを受け取った米国人から「ところでCont.とは一体何だ？」と聞かれる羽目に陥るのである。われわれは子どもの頃からモノを数えるのに必ず単位をつけるよう教え込まれ、箸は一膳、鳥は二羽、牛は三頭、というように対象物ごとに決まった特有の正しい単位で数えることが一般教養レベルの常識であるといわれて育ってきた。したがって、もし筆者が「鳩が三つ飛んでいますね」などと真顔で言えば、それを聞いた相手も（一瞬凍り付いた後に）真顔で筆者のことを心配してくださるに違いない。それくらい日本人と日本語には単位が不可欠のものであり、もしないのなら捏造してでもつけてしまいたいものらしい。

その最たる例が、米国株式市場における大型株の指標とされているダウ工業株30種平均（Dow Jones Industrials）で、日本の新聞、テレビなどすべてのメディアは一様に「昨日のニューヨーク・ダウ平均の終値は33,163ドル50セント」と伝えるのだが、筆者は四半世紀以上も米国で暮らしてきて、ダウ平均にドル・セントの単位をつけた報道にも人にも、一度たりとも出会ったことがない。あえて単位をつけるとしたら、まれに“Dow lost 500 points”のように「ポイント」を使うのが正しいようだが、いずれにしてもダウ平均はドルでもセントでもない。このことを某メディアのホームページの「お問い合わせ」から尋ねてみたこともあるのだが、おそらくは、鳩を「三つ」と数えるような一般教養を欠く者と判断されたようで、問合せに対する返信はいっさい得られなかった。

4 商品現物取引を円滑化する相対先物取引 ——市場外取引の特例

EFP（Exchange For Physical）取引

本章の２で述べたように、米国の先物市場では競争原理の働いたオープン市場で売買することが正当な価格発見（Price Discovery）機能の大前提であるとして、市場外における個別の価格交渉や事前の売買アレンジ等は原則として固く禁じられている。これには先物市場そのものが自由市場原理主義の正当性を実証するための壮大な実験装置であるという経済学術的な側面はもちろんのこと、米国においてフューチャーズが膨大な雇用を生み出す巨大産業であり、すべての売買がブローカーや取引所を着実に経由することで、先物産業全体の権益を守ろうとする言外の意図も同時に見て取れる。現在、この原則に対する例外として認められている市場外の相対先物取引はEx-Pit（ピットの外という意味）取引とも呼ばれ、本章の２で触れたブロック取引を含めて後述するように数種類存在するが、最初の例外は穀物市場で100年以上も前に誕生したといわれているEFP（Exchange for Physical）取引であった。

EFPとは文字どおり、個別交渉によって市場外で行われる相対の「現物商品（Physicals）取引に呼応する先物ポジションの交換（Exchange）」であり、

図表1.4.1　EFP取引の基本

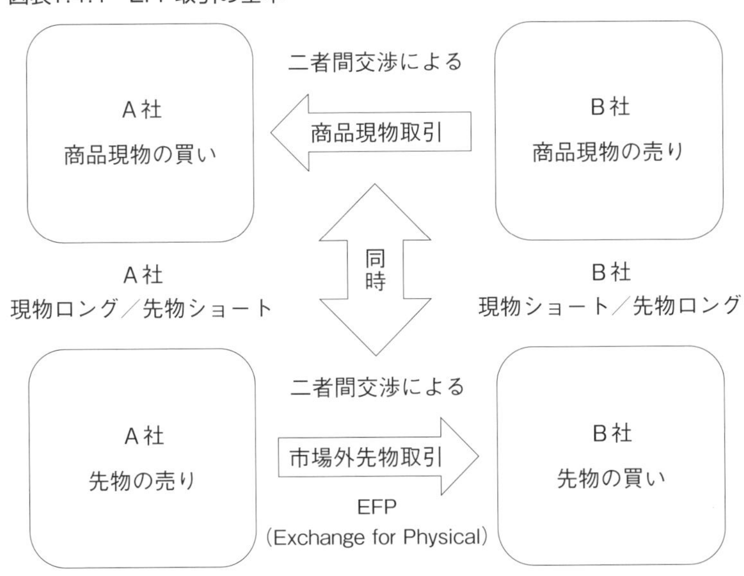

その交換（売買）する上場先物商品の数量（枚数）、限月、および価格は、すべて事前に二者間で合意される。図表1.4.1に示したとおり、EFP取引における先物の買い手は、背景となる現物（Cash）取引において売り手となり、先物の売り手は現物取引の買い手となる。また先物のEFP取引と、その背景となる反対方向の現物商品取引とは、あくまでも同時に行われることが必要条件とされている。なお、シカゴ市場では現物（Cash）に対する取引という意味から伝統的にVS Cash（バーサス・キャッシュ）と呼ばれ、またニューヨーク市場では実物（Actuals）商品に対する取引という意味からAA（Against Actuals）とも呼ばれる。ただし、VS CashもAAも正式な呼称はともにEFPである。

図表1.4.2はEFPの取引例で、現物商品ポジション、先物ポジションを、それぞれ左側を買い（ロング）、右側を売り（ショート）とするT字勘定で示したものである。まず例Xでは当初、米国の農家Aがコーンの現物在庫をもち、その価格下落リスクを先物の売りでヘッジしていたと仮定する。その

図表1.4.2　コーン先物EFP取引例

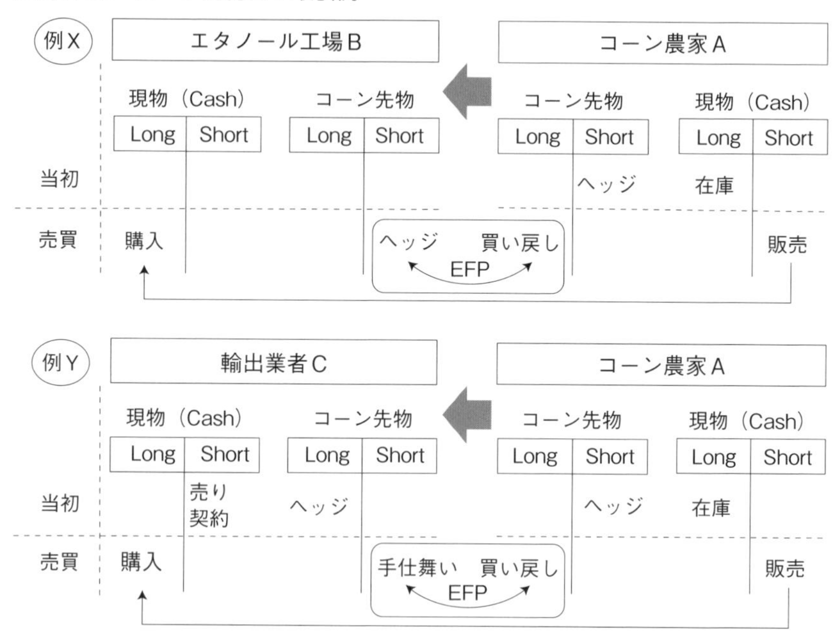

後、農家Aは地元のエタノール工場Bへコーンを販売すると同時に、この現物売買と反対方向のEFP取引を実行した。つまり、農家Aがすでに保有している先物売りのヘッジポジションを相殺すべくコーン先物を買い戻し、エタノール工場BがAから購入するコーン現物の価格下落をヘッジする先物を売るのだが、通常のようにCBOTコーン先物市場で売買するのではなく、AとBは売買するコーンの現物に呼応する先物の数量、限月、価格を事前に相対交渉で合意のうえ、コーン現物の売買と同時に市場外でこの先物取引をEFPとして成立させたのである。このEFP取引は本章の2で述べたブロック取引と同様に（執行ブローカーから）CMEの清算機構へ持ち込まれ（Posting）、それを同清算機構が受け入れることで、農家Aの買いとエタノール工場Bの売りはともにCBOTで実行された先物取引のポジションとしてそれぞれが先物口座をもつクリアリングFCMへと電子的に届けられることになる。ちなみ

に、現在米国の二大先物取引所であるCME GroupとICE Futures USとでは、いずれもEFPに対して通常の先物取引に対するよりもやや高めの取引所手数料（Exchange Fee）を設定している。

図表1.4.2の例Ｙでは、コーン農家Ａが当初から現物を保有し、その価格下落リスクを先物売りでヘッジしていたところまでは例Ｘと同様ながら、今度の販売先は地元のエタノール工場Ｂではなく輸出業者Ｃで、すでにコーン現物の輸出販売契約を締結ずみのＣは、その現物売りを先物の買いでヘッジしていたと仮定する。この状態でＡからＣへ販売されたコーン現物は両者にとって既存のキャッシュ（現物）ポジションを反対売買することになり、また同時に実行したEFP取引でも先物の買い手となった農家Ａは売りヘッジの買い戻し、先物の売り手となった輸出業者Ｃにとっても買いヘッジの手仕舞い売りと、いずれも既存の先物ポジションを相殺するための売買となった。両者は事前交渉により合意した限月と価格によって、売買したコーン現物と同数量のコーン先物取引を相対で成立させ、それぞれの執行ブローカーを通じてそのEFP取引を清算機構へポストしたのである。

穀物ベーシス取引における値決め

次に本章１の最後で述べた穀物のベーシス取引において、先物価格リスク負担者がそれぞれの値決め（Pricing）の後にEFP取引へと至るプロセスを、具体的な価格例を用いて図表1.4.3で順を追ってみていきたい。図表1.4.2の例Ｘ、Ｙと同様に図表1.4.3でも時間は上から下へ向かって流れている。

まず、米国のコーン輸出業者Ｃと日本の輸入商社Ｅは、コーン現物売買のベーシス契約をCBOTコーン12月限先物＋100（セント／ブッシェル）で締結。ここでは便宜上、ＣとＥがともに先物価格の最終リスク負担者であったと仮定して、その後CBOTコーン先物市場でＣは12月限を可能な限り高く売るべく、逆にEは１セントでも安く買うべく、日夜それぞれマーケットを追いながら「値決め」（プライシング）を進めていった。その結果、コーンの現物が船積みされる前にＣは販売契約した現物数量に見合う先物12月限を平均

図表1.4.3　ベーシス契約におけるEFP取引

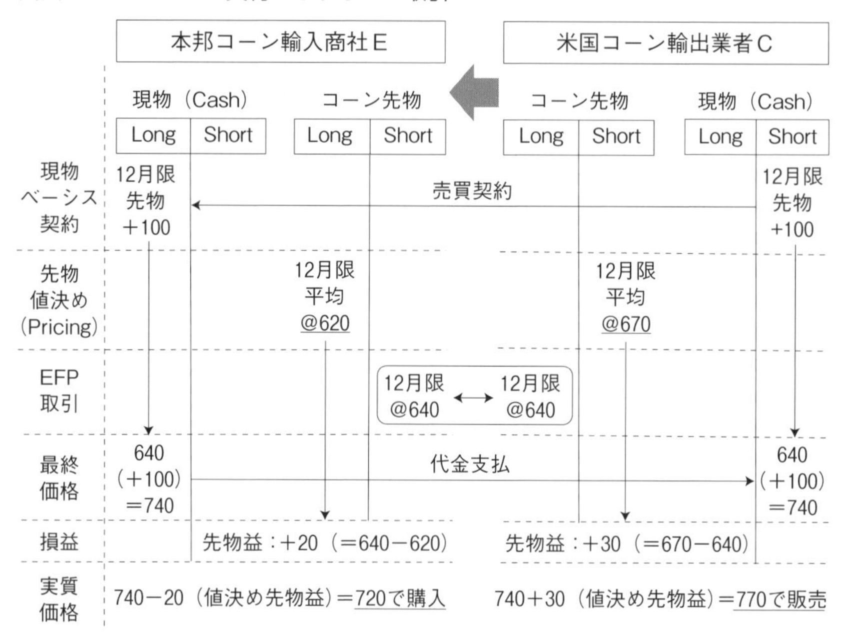

670セント／ブッシェルで売り建て、Eは同数量の先物12月限を平均620セントで買い建てることができたとする。両者がそれぞれ先物市場での値決めを終え、コーンの現物が船積みされるタイミングを迎えたことで、今度は最終的な商品代金、つまりベーシス契約した「12月限先物+100」の「12月限先物」の部分を確定させるために、両者はその時の12月限先物価格である640セント／ブッシェルで合意し、Cが買い手、Eが売り手となって相対のEFP取引を場外で実施した。

この結果、Cは740セント（=EFP価格640+ベーシス価格100）の請求書をEに対して発行し、Eは支払を起こすことになるのだが、一方でEは平均620セントで先物の買い値決めを終えているため、それをEFPによって640で手仕舞ったことで、先物口座で20セントの利益が生じ、実質的なコーン現物の購入価格はCへ支払う740から20セントを差し引いた720セント／ブッシェル。Cも先物の売り値決めを平均670という高い水準でうまく終えていたため、それをEFPによって640で買い戻したことで30セントの利益が先物口座で発生しており、実質的なコーン現物の販売価格は740を30セント上回る770セント／ブッシェルとなったのである。この例からも、ベーシス取引において先物の値決めがいかに重要であるかが見て取れる。

それではもし、CとEが640ではなく900セント／ブッシェルで合意してEFP取引を実施したとしたらどうか。12月限先物＋100セントのベーシス契約にのっとってEはCに1,000セントを支払うことになるのだが、一方で先物口座では280（＝900－620）セントの利益が発生するため、実質購入価格はEFPをいくらで実施しても720セントから変わらない。同様にCの場合もEから1,000セントを受け取ったとしても、そのかわりに先物口座で230（＝900－670）セントの損失が発生するため、やはり実質的な販売価格はEFP価格とは無関係に770セント／ブッシェルとなる。このように価格水準の上下が経済的な損益につながらないことが、あえてオープン市場での競争にさらされることなく、EFPが例外的に場外の相対取引として認められている理由でもある。

ところが、実際に両者が900セントでEFPを実施してしまうと今度は別の問題が生じてくる。まず、基本的に原価主義会計の日本ではEがCに対して商品代金の1,000セントを支払う一方で、もし先物口座で発生している280セントを「未実現益」として処理できれば、都合次第で利益の先送りという操作が可能であることになる。会計制度の相違による米国先物への誤解や歪曲解釈についてはあらためて第2章の4で詳しく述べるが、EFP取引の価格をあえて市場価格から乖離した水準で実行することで、会計操作ともとれる損益の先送りが過去に日本で散見されたことは事実である。さらに、EFPを900セントで実行した場合には商品現物取引における代金支払という名目でEからCへの多額の送金をカモフラージュすることも可能となり、過去にマネーロンダリングと疑われるようなEFPの悪用が頻発したことから、主要な先物取引所はその後、EFPの価格が「商業的にリーズナブル（Commercially

Reasonable)」でなければならないというルールを設けるに至った。したがって、現在では市場価格から逸脱した価格で実施されたEFPには、多くの場合その商業的な価格正当性の説明が取引所から求められることになる。

また、図表1.4.3では便宜上、輸出業者Cと輸入商社Eが先物価格リスク負担者としてそれぞれ値決めを行うと仮定したが、本章の1で図表1.1.2を用いて述べたように、実際には穀物の生産者である米国の農家が先物価格リスク負担者として売りヘッジ（値決め）を行い、日本でも輸入商社を通じて穀物を買い付けた飼料メーカーなどの最終需要家が反対側の先物価格リスク負担者として買いヘッジ（値決め）を行うケースが多い。穀物メジャーのような輸出業者が負うのはベーシス価格リスクだけで、FCMに開設した先物口座で生産者が売り値決めできるように仲介サービスを提供しているにすぎず、また日本の輸入商社も穀物の買付けと輸入販売の際にそれぞれ結んだベーシス契約においては、米国のFCMに設けた先物口座へ、販売先である最終需要家が行う先物の買い値決めを取り次ぐだけで、先物価格リスクの負担者とはならないのが常である。この値決めのプロセスを図表1.1.2に加えたのが図表1.4.4である。

輸出業者は農家からの売り値決めをFCMに設けた先物口座に建て玉し、輸入商社は販売先である最終需要家からの指示に従って、米国FCMに設けた先物口座へ値決めの先物ポジションを買い建てていく。このようにして、農家の実質的な販売価格と最終需要家の実質的な購入価格とが決まった後、ベーシスリスクのみを負担する中間業者である輸出業者と輸入商社はEFPによってそれぞれの先物口座に片建てとなっているポジションを解消するのである。本章の1でも述べたが、このように先物価格が現物商品の最終価格に占める割合は大きく、また米国穀物市場のスタンダードであるベーシス取引においては、その先物の値決め（プライシング）を行う農家や最終需要家といったリスク負担者が負う責任は重く、彼らによる売りと買いが原材料コモディティそのものの価格形成に大きな影響を与えているという事実を再度強調しておきたい。

図表1.4.4　穀物ベーシス取引における値決めの仕組み

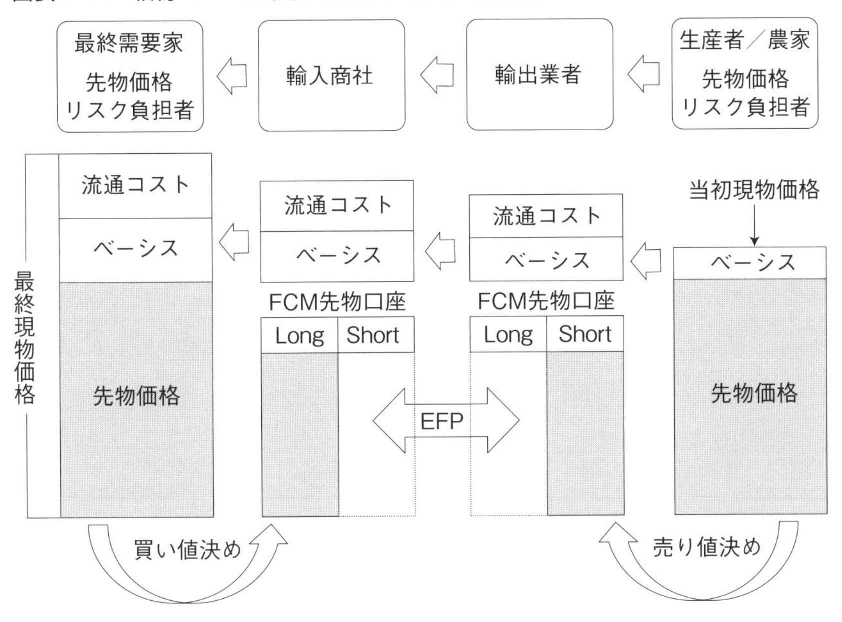

コラム 4

そのまま読まない先物契約コード

　米国先物市場では売買する上場商品と限月をContract Code（契約記号）というアルファベット１～３文字と数字との組合せからなる特有のコード（記号）で識別する。たとえば、NYMEXのWTI原油先物2024年１月限は「CLF４」と表記され、この契約記号は次の三つの部分から構成される。まず「CL」はWTI原油先物の商品記号（Product Code）、次に「F」は１月を表す限月記号（Month Code）、そして「４」は2024年を表す年記号（Year Code）である。三つ目の年コードは現在に最も近い年を指す場合には省略可能で、2024年１月限のWTI原油先物は単に「CLF」、2025年１月限や2026年１月限、つまり直近の2024年に１月限が存在するときに、それより先の年の1月限を売買したいときには「CLF5」、「CLF6」のように年記号も付け加えることが必要になる。

コードの起源は先物が取引所フロアーのすり鉢状のピットのなかでオープンアウトクライという叫び合いによって売買されていた時代にさかのぼる。フロアーの電話ブースで顧客からの売買注文を受けたクラークと呼ばれる人たちが紙の発注伝票（Order Ticket）に注文内容を書き、受注日時が分単位で記録されるタイムスタンプで打刻し、その紙のチケットを手渡されたランナーが走って行って、ピットで叫び合っている自社のブローカーへ伝票を届けるというチーム連携プレーが行われていた古きよき時代である。この際に、たとえば「2024年のWTI原油先物1月限を20枚70.55ドルで買い」という電話注文を受けたクラークが、もしオーダーチケットの「BUY」欄に「20 Crude Oil January 2024 at 70.55」と書いていては、その間にマーケットの価格は発注者が買う決定を下した時の水準から間違いなく離れてしまうであろう。一刻を争う競争市場世界でこの時間的ロスは致命傷となるため、当時の先物業界はクラークが単に「20 CLF 70.55」とだけ書いて打刻し、一瞬でも早く発注者のオーダーがピットへ到達するように契約コードをつくりだしたのである。

時が流れて、現在ではすべての先物商品が電子プラットフォーム上で売買されているのだが、その移行過程ではピットでの売買と電子での取引とを区別すべく、単一商品でも複数の商品コードが併存するケースが生まれ、また電子プラットフォームごとに（類似しつつも）異なった記号が採用されるなどして、結果的に一つの先物商品に幾つもの商品コードが存在することになってしまった。たとえば、大豆（Soybeans）先物の商品コードは「S」で、今でもCMEの清算機構では「S」として認識されているのだが、CMEの電子プラットフォームであるGlobexでは「ZS」という記号が用いられ、かつその後ピットが消滅して大豆先物の取引が100％電子化されてしまったため、結果的に今ではCME Globexでの売買を発注する際にブローカーへ伝えるのは「S」でも「ZS」でも実質的にどちらでもかまわない。また、先物価格データを提供する大手のベンダーのなかには「ZSE」という記号で大豆先物を表示している会社もあるため、仮にEメールに「ZSE」と書いて発注しても、ブローカー側から指摘や訂正を受けることはほとんどない。ただし、大豆のSoybeansから勝手に連想して「SB」と書いてしまうと、これは砂糖先物を指す別の商品コードとなるので注意が必要である。以下、その他の主な米国先物の商品コードを参考として一覧にまとめた。

天然ガス	ガソリン	灯油	コーン	小麦	大豆粕
NG	RB	HO	C（ZC）	W（ZW）	SM（ZM）
金	銅	ココア	コーヒー	綿花	菜種
GC	HG	CC	KC	CT	RS

また、商品コードに続く限月コードは、1月（January）が「F」というように、すべて原語のつづりとは無関係の記号で示されるため、慣れるまでにはある程度の時間が必要かもしれない。

1月限	2月限	3月限	4月限	5月限	6月限
F	G	H	J	K	M
7月限	8月限	9月限	10月限	11月限	12月限
N	Q	U	V	X	Z

ここで意外と重要なのは、その起源からもわかるとおり契約コードはあくまでも速記するための記号であって、それをそのままアルファベットで読むものではないということである。たとえば、まだ紙のオーダーチケットを使っていた頃、書き手次第では9月限の記号「U」が10月限の「V」との見分けがつきにくいため、フロアーの現場では10月限のコードを逆さにして「Λ」と書いていた。そして、どちらを書いても発注伝票を受け取ったピットのブローカーは「October!」と叫ぶのである。

ところが以前、東南アジアの事業会社からCBOTの先物注文を取り次いでほしいと電話で依頼され、快諾したところ、先方から「バイ、テン、エス、エム、エヌ、」と言い出されて腰を抜かしたことがある。これは大豆粕先物７月限の買いを10枚という意図らしいのだが、たとえばＥメールで発注するとしたら契約コード（商品コード＋限月コード）を使って「Buy 10 SMN」となる。しかし、これを声に出して読む際には必ず「Buy 10 July Soybean Meal」となり、いくら記号に表音文字が使われているからといって、間違ってもそれらをアルファベットで読み上げるようなことをすると米国では恥をかくので注意されたい。そもそもＳ、Ｍ、Ｎなどアルファベットの発音はネイティブ同士でも聞き取るのがむずかしいため、米国では「スーザンのＳ、マイケルのＭ、ナンシーのＮ」のように、それらを頭文字とするだれにでも伝わる単語を引用して間違いを防止するのが常であり、このような復唱を必要とする伝達方法が、スピードを追求するために生まれた契約コードそのものの概念と完全に矛盾するのはだれがみても明らかであろう。

EFPの発注手順とその他の市場外取引

図表1.4.3では輸出業者Ｃと輸入商社Ｅがコーン先物12月限のEFP取引を価格640で実施したとした。現実の世界では二者間の個別交渉で事前に合意した内容（数量、商品、限月、価格）をそれぞれの先物ブローカーへ伝え、彼らに売りと買いをマッチングしてもらうことになるのだが、その際にＣとＥは自社の先物口座情報を交換しておく必要がある。それらは今回のEFP取引で先物ポジションを建てることになる①清算FCMの社名と②そのFCMに自社がもつ先物口座の番号で、③EFP取引の執行を担うブローカー担当者の連絡先を加えるとより親切であろう。また、相対のEFPとはいえ先物取引の注文であるため、発注指示はBuy（買い）かSell（売り）で始まるのだが、EFP

が（現物商品取引に呼応する）先物ポジションの「交換」であることから、Buyのかわりに Take（受ける）、Sellのかわりに Give（渡す）という動詞を使う慣習も一部で根強く残っており、現実にはいずれの言葉を使っても受注してもらうことができる。

図表1.4.5は通常の先物発注時の文例と、図表1.4.3で輸入商社Ｅがコーン先物12月限のEFP取引を（たとえばコーン30,000トン分の先物236枚）640セント／ブッシェルで輸出業者Ｃを相手に実行すべくブローカーへ発注する際の文例とを比較したものである。相違点はEFP取引であることを明記することと、前述した相手方のブローカー口座情報（①、②、および③）を記載することだけである。また、EFP発注の際に、その背景となる現物取引の相手方でもあるEFPの買い手が輸出業者Ｃであるという情報は、Ｅが起用する執行ブローカーに対して明かす必要はない。

なお、ここまで述べてきたEFPはEFRP（Exchange for Related Positions）という市場外取引形態の一つであり、EFRPにはEFPのほかにもEFR（Ex-

図表1.4.5　通常の先物注文とEFP注文

【通常の先物注文例】

Sell 236 CZ at 640　（口頭での読みは“Sell 236 December Corn at 640”）

Sell	①　売買の別：Buy（買い）かSell（売り） EFPの場合：“Take”（＝Buy）、“Give”（＝Sell）でもよい
236	②　先物枚数：標準化されているため単位はいっさい不要 （コーン30,000トンに相当する先物を236枚と仮定）
CZ	③　契約記号：コーン（商品記号“C”）＋12月限（限月記号“Z”） コラム④「そのまま読まない先物契約コード」参照
640	④　指値（Limit Price）：標準化されているため単位は不要 コラム③「単位のない世界」参照

【輸入商社Ｅによる EFP注文例】

Sell（Give）236 CZ at 640（EFP）
Buyer's Broker Information：
XYZ Futures #123456

EFP発注の際に必要な情報は相手の輸出業者Ｃが起用するブローカーの口座情報のみでＣの社名は明示不要

change for Risk）とEOO（Exchange of Options for Options）という取引がある。EFPが現物商品取引に呼応する先物ポジションの交換であるのに対して、EFRは本章の２で述べたフォワードやスワップ等のOTC取引に呼応して先物ポジションを交換する際に用いられ、EOOはOTCのオプション取引に呼応して先物オプションのポジションを交換する際に用いられる。ここではEOOの詳細へは立ち入らないが、先物価格リスク負担者による値決めには、銀行などの金融機関もOTCでさまざまなスキーム（平均買い／売りや、ノックアウト／イン、ダブルアップといった特性をもつデリバティブ商品）を提供しており、自己判断によって先物市場で日々値決めを行うかわりに、最初からこうしたOTC商品を購入してプライシングに充てるという選択肢もある。その場合、いったんOTC取引として完了した値決めのポジションを、図表1.4.3における先物の値決めへと変換する際に、EFPではなくEFR取引が行われるのである。

これらEFRP取引と前述したブロック取引のほかに認められている唯一の市場外（Ex-Pit）取引はTransfer Trade（トランスファー取引）と呼ばれるものである。これは単に複数の清算FCM（たとえばA社とB社）に先物口座をもっている市場参加者が、そのポジションをA社からB社、あるいはB社からA社へと移管する際に行われる取引で、それぞれの先物口座の所有者が同一であることが実施の前提条件となる。その逆に、EFRP取引を実施する二つの先物口座は絶対に所有者が同一であってはならず、資本関係がある会社の先物口座間でEFRP取引を行う際も、それらの口座が個々独立して管理されている等、違法行為として厳しく禁じられているWash Trade（ウォッシュトレード）に該当しないよう十分な注意が必要となる。日本ではいまだに認識レベルが低いといわざるをえないが、Highly-Regulated Market（高度に規制された市場）である米国先物市場では、すべての市場参加者が自己責任で各種レギュレーションを知っておく義務があるため、特に管轄機関であるCFTCが重点的に監視対象としている市場外取引のルールに関しては第３章でもあらためて述べることにする。

第2章

米国先物口座の開設手順と証拠金の概念および日々の入出金プロセス

1 FCMへの先物口座開設手順——スタート前の意外なハードル

原材料コモディティの価格をヘッジすべく米国の先物市場で取引を開始するためには、最初に米国の連邦当局であるCFTCにFCM（Futures Commission Merchant）として登録しているブローカーに先物口座を開設しなければならない。この口座開設プロセスは一般的に想像するよりも遥かに面倒なもので、まずは先物口座を開設するFCMに口座開設書類一式（Account Forms）を送ってもらうことになるのだが、各FCMで書式に差はあれども、約50ページにものぼる書類の厚さにだれもが圧倒されることになる。これらの口座開設書類は大きく分けて四つの部分から構成されているため、以下、一つずつみていくことにする。

① リスク開示書類（Risk Disclosure Document、あるいはRisk Disclosure Statement等の名称）

② 口座開設申込書（Customer Account Form、あるいはNew Account Application等の名称）

③ その他の必要書類（Certified Resolutions—認証ずみ決議書、Articles of Incorporation—基本定款など）

④ 先物口座契約書（Futures Account Agreement、あるいはFutures Customer Agreement等の名称）

まず、①リスク開示書類とは、CFTCレギュレーションによって（投資家保護の観点を中心に）FCMが新規顧客に対して事前に配布することを義務づけられている書類で、口座開設者にも受領の署名が求められる。その種類と数は時代の変化に応じて増えてきており、たとえばもともとは先物取引のリスクを市場参加者へ事前に知らしめるのが目的であった書類に、その後オプション取引が台頭すると、別に先物オプションに関するリスク開示書類も加えることが義務づけられ、さらに取引の電子化が進むと、今度は電子注文における経路制御や電子取引特有のリスクについてもElectronic Trading and Order Routing Systems Disclosure Statementという開示書類が追加された。さらに、2020年4月にWTI原油先物がマイナス40ドルへ暴落したことで、先物価格が負の値にまで下落するリスクについてもNegative Contract Price Risk Disclosureという文書による開示が義務化されるといった具合に増えてきているのである。

そのほかにも、口座開設者の先物注文においてFCMの関連会社が相手方になる可能性など、FCMが抱える潜在的な利益相反（Conflict of Interest）に関する開示や、外国からの口座開設者に適用されるCFTCレギュレーションの概要を記したForeign Trader Disclosure Statement、さらには第1章の4で述べたEFRP（Exchange for Related Positions）に関する通知等に加えて、提供する価格データの正確性や、入出金時のシステムなどに関するリスクを別途書類開示するFCMもある。また、英国を含む欧州、カナダ、中東ドバイの取引所などの個別ルールに関する通知文書も（それらの市場で取引を行う口座開設者のために）リスク開示書類に含まれていることが多く、一般的な新規先物口座開設者が受け取る開示書類の数が10種類から20種類にもなってしまうことから、今ではそれらをCombined Risk Disclosure Statementとして一つの文書にまとめるか、あるいはDisclosure Booklet（小冊子）のような形態で別途ダウンロードできるようにするなどして、少なくとも受領する側の署名が容易にすむように工夫しているFCMがほとんどである。

FCMからリスク開示書類を受け取る一方で、次に新規口座開設申請者は②口座開設申込書への記入を進めることになる。申込書の内容は、マネーロンダリングやテロリズム防止の観点から米国においてすべての金融サービス機関に義務づけられているKYC（Know Your Customer）と呼ばれる顧客の素性や適性、リスクを知るためのガイドラインにのっとった基本的な質問（資本構成や先物取引経験年数など）から始まるのだが、最初に重要なのは開設したい先物口座がヘッジ口座（Hedge Account）なのか投機口座（Speculative Account—スペック口座）なのかという点で、これによって本章の2で述べる証拠金（マージン）レートも変わってくることになる。また、その証拠金等の入出金にかかわる担当者のコンタクト情報と肝心の銀行口座情報（Wiring Instruction）も必要で、特にFCMは登録された銀行口座以外の銀行口座との入出金は行うことができないので注意が必要である。

さらに、取引予定の先物商品と、それらを上場している取引所を指定する箇所では、各取引所の会員権の有無のほか、欧州連合（EU）域内の取引所に関しては、MiFID Ⅱ（Markets in Financial Instruments Directive 2―第二次金融商品市場指令）と呼ばれる2018年の包括的な金融、資本市場指令において強化された商品デリバティブ規制に基づくポジション報告フォームの提出も必要となる。また、開設する先物口座におけるトレード権限者（Authorized Trader）を全員列挙しなければならず、特にトレーダーが電子取引プラットフォーム上で直接売買を執行する場合には、その取引数量の上限設定を行うFCM側が個々のトレーダーにID番号を割り当てることで非登録者による売買が行われていないことを把握し、また各取引所も登録されているトレーダー情報の確認を頻繁に行うことになる。なお、トレード権限者のリストは、口座開設後も変更があるたびにFCMに対してその内容を更新、通知していかなければならない。

このように②口座開設申込書の記入自体はむずかしいものではないが、新規口座開設申請者は別途FCMから要求される③その他の必要書類も提出しなければならず、実はこれが口座開設手続のなかで最も面倒なプロセスとなる。まず、必ず要求されるのがCertified Resolution（認証ずみ決議書）で、当該FCMへの先物口座開設が顧客側の取締役会（あるいは代表権者）によって正式に決定された旨を法人書記役（Corporate Secretary）の署名（あるいは社長印）で認証した決議書。また、契約書類一式への署名者が（代表権者でない場合には）そのサイン権限を委任されていることの証明が必要となるほか、会社の設立と組織、事業活動に関する根本規則を定めた基本定款（Articles of Incorporation）に加えて、取締役リストや株主リストの提出が求められることもある。さらに、予定している売買数量やポジション規模が財務体力に見合っているかをFCMが審査して相応の清算上限額を設定するためにも、直近数年分の監査ずみ財務諸表（Audited Financials）の提出は必ず求められる。このように、たとえば日本の大企業のなかの一部署が米国FCMに先物口座を開設しようとする場合などには、会社全体に係るこれら必要書類をすべてそろえるのが社内手続の面からも決して容易ではなく、その意味で③その他の必要書類のハードルが口座開設書類一式のなかで最も高いということができよう。

なお、2013年にCFTCは先物口座の所有管理者報告書（OCR―Ownership and Control Reporting）の提出と更新を義務づけており、口座開設者はFIA（Futures Industry Association―米国先物業協会）が運営するウェブサイト（FIA OCR）上でIDを取得して、事前にFCMへ通知しておく必要がある。また、新規口座開設を申請する会社の25%以上の株式を保有する大口個人株主と、口座開設に必要な一連の書類を準備する責任者の（公の身分証明書を含む）個人情報を証明する書類の提出も必要で、これはFCMを通じて米国財務省の金融犯罪取締ネットワーク部局であるFinCEN（Financial Crimes Enforcement Network）へと提供されることになる。

こうして申請者は、そろえたすべての必要書類を提出し、FCMの審査部門による承認を得てはじめてFCMとの④先物口座契約書（Futures Account Agreement、あるいはFutures Customer Agreement）に署名し、晴れて米国先物口座の開設へと至るのである。なお、このFCMによる審査も決して低いハードルではなく、日本で名の通った企業が米国の清算FCMに先物口座を開設することができないというケースも実は多い（コラム⑤参照）。

コラム 5

非清算FCMのオムニバス口座――商社「冬の時代」の屈辱

日本の総合商社は過去に何度も「冬の時代」を経験しているが、バブル崩壊後の不良資産処理を余儀なくされた1990年代後半から、淘汰・合併による業界再編が進む2000年代前半にかけては、株価の低迷が物語るとおり、業界全体の財務体力が著しく低下した厳しい時代であった。その頃、筆者は小さな米国の非清算FCM（Non-Clearing FCM）に勤務していたのだが、日本の大手商社が米国で先物口座を開設しようとして、欧米銀行傘下にある清算FCMの審査部門から断られるという屈辱的な事態を何度か目にしたのを覚えている。

FCM（Futures Commission Merchant）とは、独立した連邦機関であるCFTCから「登録先物協会」として指定された自主規制機関のNFA（National Futures Association—全米先物協会）を通じて（CFTCに）登録している先物ブローカーで、法令によって定められた資本金要件を満たし、顧客資産の分離保管口座を銀行に維持し、当局や取引所への日々の報告義務を負い、顧客からの売買注文を執行するとともに、顧客に対してステートメントを発行する。FCMには２種類あり、取引所の清算機構（クリアリングハウス）の会員として清算業務も行うのが清算FCM。そして清算機構の会員でないことからクリアリング業務だけは清算FCMに委託するのが非清算FCMである。前者はクリアリングハウスのメンバーとして、いわば先物市場を運営する側へと回ることになるため、その責任は重く、究極的には先物清算のシステミックリスクを（他の清算会員と共同で）負う。したがって、今では清算FCMのほとんどが大手国際金融機関の子会社で、独立系（Independent）と呼ばれる地場のFCMはその姿を消しつつある（コラム⑪「執行ブローカーへのギブアップ」参照）。

非清算FCMによる清算FCMに対するクリアリング業務の委託とは、具体的には非清算FCMが清算FCMにオムニバス口座（Omnibus Account）を開設することによって行われる。オムニバスとは「包括的な、抱合せの、多数のものを含む」という意味で、各顧客が非清算FCMに各々自社名義で先物口座を開設し、非清算FCMはそれらの顧客口座で行われた先物取引をオムニバス口座で「まとめて」クリアリングFCMに日々清算してもらうのである。非清算FCMが清算FCMにオムニバス口座を開設する際には、当然ながら清算FCMによる財務審査が行われるのだが、そもそも非清算FCMはすでに連邦当局が定めた要件と義務を満たしたことで認可ずみの業者であるため、清算FCM側から見れば（素人ではなく）同じ業態の仲間でもあり、一般の事業法人を顧客として一から審査するよりも遥かに安心度は高い。

ここでユニークなのは、清算FCMはあくまでもオムニバス口座を開設した非清算FCMに対してリスクを負うという建て付けになっているため、その非清算FCMが「まとめた」顧客の個別情報は把握しないという点である。したがって、現在でも外国籍の中小企業や個人が（オンラインブローカー以外に）米国先物口座を開設しようとする場合には、オムニバス口座をもつ非清算FCMを利用するケースが多い。このようにして、冒頭で清算FCMから先物口座開設を断られた冬の時代の日本商社も（すでにその清算FCMにオムニバス口座をもっている）非清算FCMであれば自社名義の先物口座をつくることができたのである。

想像してみていただきたい。日本では長い歴史をもって知らない人がいないほど名の通った大企業が、取り扱う原材料コモディティのヘッジのために米国先物口座を開設しようと、面倒な社内稟議手続を経てようやく欧米銀行傘下の清算FCMへ口座開設書類を提出したところ、無下に断られたうえに、名前さえ聞いたこともない非清算FCMを紹介されるのである。しかも、当時筆者が勤めていたような小さな非清算FCMが、なんとすでに（たった今その会社を断ってきた）清算FCMによる財務審査を通過してオムニバス口座をもっているというのである。

2 証拠金（マージン）の基本概念 ——先物取引メカニズムの根幹

マージンコールですよ、諸君！

米国の商品先物取引を歴史上最もリアルに描写した映画といえば間違いなく1983年の「Trading Places」（邦題「大逆転」）であろう。このコメディー映画では、1979～80年に実際に銀を買い占めたことで悪名高いハント兄弟をモデルにしたと思われる「デューク兄弟」が冷凍オレンジジュース先物を買い上げる。ところが、彼らが買い占めを仕掛ける根拠となった寒波によるオレンジ不作という極秘情報は、この映画の主人公2人（ダン・エイクロイド扮するウィンソープと、エディ・マーフィ扮するホームレスのバレンタイン）がデューク兄弟へ事前につかませた偽の農務省（USDA）報告に記載されたものであり、実際に米国農務省が発表する予定の需給報告には、オレンジの収穫量に寒波の影響はないと記されていたのである。

デューク兄弟が経営するデューク＆デューク・コモディティーズによる冷凍オレンジジュース先物の買い上げから始まる後半のクライマックスシーンは、9.11で倒壊した旧ワールドトレードセンターにあった実際の砂糖先物のピット（筆者の元職場でもある）で撮影されており、多くのエキストラが本物のフロアートレーダーであったこともあって臨場感満点。デューク＆デュークの買いで先物価格はオープニングから上がり続けるが、米国農務省による需給報告の発表予定時刻直前に主人公2人が大量の売り浴びせを開始し、価格が頭打ちから反落へ転じたところでテレビ画面に農務省長官が（現実の世界で農務省長官がテレビで需給報告を発表することはありえないが）映し出されると、ピットのトレーダーたちは全員いったん売買の手を止め、固唾を飲んで需給報告の発表を見守る。そしてオレンジの収穫量に寒波の影響はないとする長官の発言と同時にピットは堰を切ったように騒然売り一色となり、先物価格は暴落。発表前に仕込んでいた「売り」を主人公２人が余裕で買い戻すという大逆転劇で、先に売って後から買い戻すという先物取引の最も一般視聴者にわかりにくい部分を見事にストーリー化、映像化したクラシックな名作映画である。

結局、暴落の末にマーケットは安値引けしたため、需給報告の発表前に買いを仕込んでいたデューク＆デュークは多大な損失を被るのだが、映画ではセッション終了直後に取引所の幹部がやって来てデューク兄弟に現金での即時清算を迫るシーンへと続く。その幹部は「マージンコールですよ、諸君」（“Margin call, gentlemen”）と宣言し、「すべての口座はその日の終わりに例外なく清算される」とあらためて取引所のルールを告げて畳み掛ける。これに対してデュークは「394百万ドルの現金など持ち合わせていない！」と悲痛に叫ぶのであった。

この「マージンコール」は日本語でも「追証（おいしょう）」と訳されているように、いかにも証拠金（マージン）を追加で預託するように聞こえてしまうのだが、実はそうではない。第１章の２で述べたように、まず先物取引では少額の証拠金預託による高いレバレッジが一つの特徴なのだが、一方でデューク兄弟が取引所から現金請求された394百万ドルという金額は、どうみても「少額の」証拠金であるとは考えられない。そこで、先物取引の革命的ともいえる最大の特徴、つまり日々の清算値（Settlement Price）での現金による損益清算が毎日例外なく実施されるという事実を思い出して、この394百万ドルものマージンコールが損失支払請求通知であると解釈すれば辻褄があってくる。デューク兄弟は、買い建てていたオレンジジュース先物が米農務省の需給報告発表後に暴落したことで被った巨額の取引損失額の清算を迫られているのであって、証拠金（マージン）の追加預託を求められているのではなかったのである。

2011年には映画「Margin Call」が封切りになるなど、社会的にも定着したマージンコールという言葉が将来別の用語へと置き換えられる可能性がもはや低いことから、米国最大の商品先物取引所運営会社であるCMEグループでは何年も前から、逆に「証拠金」をMarginではなくPerformance Bondと呼称することによって、取引損失の清算請求であるマージンコールと、預託する証拠金との言葉の混同を解消しようとしてきた経緯もあるのだが、いまだにだれもが証拠金と聞けばマージンと訳するように、長い年月の間に根付いた慣習は業界の内外を問わず容易には変わりそうにない。なお、証拠金には債券等の証券での充当が認められているが、この映画のなかだけではなく現実世界でも、マージンコールには必ず現金で応えなければならない。理由は、それが日々の損益清算のための支払であるからにほかならない。

証拠金の定義とその金額設定の背景

証拠金とは「清算ブローカー（FCM）と取引所の清算機構（Clearing House）に対して市場参加者が先物契約履行の誠意を示すための預託金（Good Faith Deposit）」と定義される。勘違いされがちだが、証拠金は当該先物の原資産である商品の一部代金ではない。ということは「最初にいくら支払えば先物市場での売買が可能か」という質問への回答は「ゼロ」であり、証拠金とは「支払」ではなく、あくまでも契約履行の誠意を示すための預託金にすぎない。一方で、前述のマージンコールによって求められる現金の大半は取引損失の清算であって「預託金」ではない。この相違を明確に理解することはきわめて重要であることから、本章の３で例を用いてあらためて述べることにする。

証拠金には当初証拠金（Initial Margin、略称IM）と維持証拠金（Maintenance Margin、略称MM）の２種類がある。たとえば、2007年にCME傘下となったCBOTに上場されているコーン先物を取引する場合、同取引所の清算機構（クリアリングハウスであるCME Clearing）はその時々の先物価格水準や価格変動率を基に、最も取引量の多い活発限月（Active Month）のMMレートを１枚当り2,250ドル、そのIMレートをMM×130％（2023年２月時点）と設定している。なぜIM（当初証拠金）ではなくMM（維持証拠金）のレートが基準になるのかという点に関しては、まず「ヘッジ口座」と「スペック口座」

の違いから話を始める必要がある。

本章の1でも述べたとおり、清算FCMに先物口座を開設する市場参加者の主たる先物取引目的が現物商品のヘッジに係るものであればそれはヘッジ口座（Hedge Account）となり、一方で現物商品の取引に関与することなく純粋な投機（スペキュレーション）として先物取引を行うために開設したものであればそれはスペック口座（Speculative Account）となる。後者のスペック口座に求められるIM額はMM×130％というように、取引所の清算機構によって入口の敷居が高く設定されているが、ヘッジ口座では常にIM＝MMとなるため、仮にその口座に多少投機的なポジションが含まれていたとしても、ヘッジ口座である限り、証拠金をIM、MMの2種類に分けて考える必要はなく、前述のコーン先物の例でいえば、その口座には1枚当り2,250ドルという単一の低いマージンレートが適用される。つまり、ヘッジャーにとって証拠金は一種類しか存在しないのである。

なお、ヘッジ口座の証拠金レートが低いからといって、まったく現物取引のヘッジ目的をもたない投資ファンドのような投機的市場参加者が清算FCMにヘッジ口座を開設することができないのはいうまでもないことだが、もう一つ重要なのは、ヘッジ口座であれ、スペック口座であれ、清算FCMは自らの判断で取引所の清算機構が定める前述の証拠金レート以上の金額の証拠金預託を顧客へ課すことができるという点である。つまり、いくらCME ClearingがCBOTコーン先物のMMは2,250ドルとそのウェブサイト上で公表していても、それは厳密には清算機構が会員の清算FCMへ課す清算証拠金（Clearing Margin）の額であって、清算FCMが顧客に対して課す顧客証拠金（Customer Margin）のレートは清算証拠金以上であれば清算FCMが自己裁量で決めることができる。仮に貴方が先物口座を開設した清算FCMが（たとえば取引歴が浅い等の理由で）証拠金3,000ドルといえば、貴方はそれに従わざるをえない。このあたりは清算FCMの審査部門が各顧客の信用度に応じて判断することになるため、顧客が対面する営業部門の一存で優遇措置を講ずることはむずかしく、顧客側も日本とは違って米国ではお客様は神様ではないということをよく自覚しておく必要がある。

ここで「1枚当り」という表現を使ったこともあり、あらためて米国先物取引の売買単位（Contract Unit）に言及したい（コラム③「単位のない世界」参照）。第1章の2でも少し触れたが、フューチャーズにおいては、たとえばコーン先物は1枚（1 Contract）5,000ブッシェルというように、取引所であるCBOTによって上場商品の売買単位が標準化（Standardized）されている。仮に今、取引されているコーン先物価格が1ブッシェル当り660セントであれば、先物1枚は5,000ブッシェル単位なので、その際のコーン先物1枚の時価（丸代金）は33,000ドル（＝660セント×5,000ブッシェル）となり、これをわずか2,250ドルの証拠金を預託するだけで取引することのレバレッジは14.67倍（＝33,000÷2,250）ということになる。米国先物市場でなぜこのような高いレバレッジが実現可能なのかといえば、映画「Trading Places」のなかで取引所の幹部がデューク兄弟に394百万ドルの即時現金清算を迫ったように、その日の取引で生じた損益のいっさいを「含み損益」として翌日へ残さないからであり、そのMark-to-Marketと呼ばれる清算の仕組みについては本章の3であらためて詳しく説明することにする。

また、なぜコーン先物の価格を6ドル60セントや6.60ドルと書かずに660セントと記述しているのかというと、CBOTではコーン先物の価格表記（Price Quotation）がブッシェル当りUSセントと決まっているからである。なお、日本ではこの「ブッシェル当り」を「呼値（よびね）」というが、もはや「銭」がなく「円」だけが通貨単位の日本には、米国でいうところのPrice Quotation（セント／ブッシェル）にそのまま該当する用語は存在しない。さらに、CBOTの穀物、油糧種子で先物は1/4セント刻み、そのオプションは1/8セント刻みと決められており、こうしたMinimum Price Fluctuationのことを、日本では「呼値の単位」という。いずれにしても、CBOTのコーン先物はドル表記ではなく、セント表記であることに注意されたい。

また、クリアリングハウスが定める証拠金レートはそれほど頻繁に更改されるものではないが、当然ながらコーン先物の価格水準がもし800セントまで上昇してしまったら、証拠金2,250ドルではレバレッジが17.78倍（=8.00×5,000÷2,250）へ拡大するため、もし取引所の清算機構が以前の14倍台半ばのレバレッジが（とりわけ全市場参加者に対してカウンターパーティーリスクを負うことになる清算機構自身のリスク管理上）適切であると判断した場合には、たとえば「今日からコーン活発限月１枚当りの維持証拠金は2,750ドル」というように証拠金レートを即日引き上げることができる。

ただし、取引所の清算機構による証拠金の見直し、変更はそれほど頻繁には行われないため、基本的に市場参加者の証拠金負担は、そのポジションさえ変わらなければ（オプションを除いて）日々の先物価格の上下に影響を受けるものではない。したがって、もし「今日価格が下落した分、先物の証拠金負担が増えた」などというコメントを耳にすることがあれば、それは発言者が証拠金（マージン）と、マージンコールで要求された当日の取引損失分の現金清算額とを完全に混同してしまっているに違いない。

必要証拠金額が算出される仕組み

それではここで仮に、さまざまな期限の現物取引に紐づいた複数限月のCBOTコーン先物ポジションが一つの先物口座のなかに入り組んで存在している状況を想定し、その際に預託を求められる証拠金額がどのよう算出されるのかをみていきたい。図表2.2.1が口座内のコーン先物ポジションの一覧、図表2.2.2がその時の証拠金レートであったと仮定する。

まず、図表2.2.1をみると、５月限や７月限にはロングとショートの両方

図表2.2.1　コーン先物ポジション例

限月	ロング（枚）	ショート（枚）	ネットポジション（枚）
３月限	0	2	−2
５月限	20	6	14
７月限	6	20	−14
９月限	0	6	−6

図表2.2.2　証拠金レート例

限月 （アウトライト）	証拠金レート （$）	限月間スプレッド	証拠金レート （$）
3月限	2,250	3月限／5月限	550
5月限	2,250	3月限／7月限	600
7月限	2,250	3月限／9月限	650
9月限	1,900	5月限／7月限	650
		5月限／9月限	650
		7月限／9月限	650

にポジションをもっていることが見て取れる。ただし、本章の4でもあらためて説明するが、日本でいう「両建て」という概念は米国先物には存在せず、同一商品、同一限月の買いと売りは常に相殺されるため、必要証拠金額を算出するために必要な情報は各限月のネットポジションのみとなる。

次に、図表2.2.2の証拠金レートをみると、各限月単独、つまりアウトライトでポジションをもった場合のマージンが3、5、7月限で1枚当り2,250ドル、9月限で1,900ドルであるのに対して、二つの限月を組み合わせたポジション（いわゆるスプレッド）の場合には、きわめて低い証拠金しか要求されないことが見て取れる。たとえば、3月限をロングし、同枚数の5月限をショートした（あるいはその逆の）場合には、その1枚ずつのペア（3月限／5月限スプレッド）に対して550ドルの証拠金を預託すればよいということになる。

図表2.2.1のような複数限月の先物ポジションから構成されたポートフォリオに対する証拠金は、その金額が最小となる組合せで計算されるため、この例では、最もレートの低い3月限／5月限スプレッドの550ドルを適用できるか否かを試すところからマージン算出が始まる。幸いなことに3月限のショート2枚と5月限のロング2枚をペアにできるので、まずは①そのスプレッド2枚に550ドルを適用して1,100ドル。ほかに3月限はないため、次は

残った５月限のロング12枚でスプレッドがつくれるかどうかを試すことになる。図表2.2.2のスプレッドの部分をみると、５月限／７月限でも５月限／９月限でも証拠金は650ドルで同額だが、アウトライトの部分をみると、マージン2,250ドルの７月限が残るよりも、1,900ドルの９月限が残ったほうが全体の証拠金負担は少なくなることがわかる。よって②残る５月限のロング12枚はすべて７月限のショートとのスプレッドと解釈して7,800ドル（＝12枚×650ドル）。これで残ったポジションは７月限のショート２枚と９月限のショート６枚で、もはやスプレッドは組成できないことから、それぞれにアウトライトの証拠金レートを掛けて、③4,500ドル（＝２枚×2,250ドル）と④11,400ドル（＝６枚×1,900ドル）が算出され、①から④をすべて合計すると、図表2.2.1のコーン先物ポジション全体に対する必要証拠金額は24,800ドル（＝1,100＋7,800＋4,500＋11,400）となるのである。

もちろんこのような証拠金の最適化、最小化プロセスは自動的に清算機構と清算FCMが行うため、顧客側が自ら手を動かす必要はないが、その仕組み自体は理解しておくべき知識であろう。また、この例のような先物だけのポートフォリオではなく、もし先物オプションにもポジションをもった場合には、もはや専門のソフトウェアを使わずに証拠金の算出はできなくなる。CBOTコーン先物を日々清算するCME Clearingでは、自らSPAN（Standard Portfolio Analysis of Risk）というシステムを構築しており、価格やインプライド・ボラティリティーの変化、残存日数などの組合せによるさまざまなシナリオのもとで各ポジションがどのような損益を生むのかを試算し、その結果ポートフォリオ全体に対して課すべき証拠金額を日々算出している。これが、「基本的に市場参加者の証拠金負担はそのポジションさえ変わらなければ日々の先物価格の上下に影響を受けるものではない」と前述した際に「オプションを除いて」とカッコ書した理由である。

コラム 

シカゴとニューヨークの限月間スプレッド

米国先物市場で最も出来高と取組高が多い（つまり流動性が高く、規模が大きい）「活発限月（Active Month）」は、商品にかかわらず、一般的に残り日数が最も短い「期近（きぢか）」限月であり、日本のそれが期先限月であるのとは大きく異なる。その結果、毎月のように期近活発限月が受渡し期間を迎える前には、次の限月へポジションを移行させる乗り換え、いわゆる「ロール」が行われることになる。たとえば、現物ロングのヘッジとして期近3月限に先物のショートをもっている市場参加者が、3月限の残り日数減少に伴って、次に期近限月となる5月限へとショートポジションをロールする場合、限月間スプレッド（第2章の2参照）と呼ばれる売買を行うことになるのだが、この際には、①3月限の買い戻しと、②5月限の新規売り、という二つの取引を別々に行う必要はなく、③3月限／5月限スプレッド、として独立して存在しているマーケットにて、同時に①と②を執行することができるのである。

通常、期近限月を買って、同時に期先（きさき）限月を売ることを「スプレッドを買う」といい、3月限（March）の買いと5月限（May）の売りであれば、「Buying March/May（マーチ・メイの買い）」と表現される。たとえば、表のように3月限の価格と5月限の価格を仮定した場合、Aの価格の時に3月限／5月限スプレッドを10枚買う（3月限を買って5月限を売る）指値（さしね）注文は「Buy 10 March/May at 2」となり、3月限を（5月限に対して）さらに安く買うことをねらってB、C、D、Eへと指値注文を出そうとすれば、「Buying March/May at 1」から「Buying March/May at −2」へと順に買い下がっていく意思を伝えればよい。単に限月間スプレッドを一つのマーケットとして扱い、プラスからマイナスへと買い下がるだけのことである。

	3月限（March）	5月限（May）	3月限―5月限（March/May Spread）
A	702	700	2
B	701	700	1
C	700	700	0
D	699	700	−1
E	698	700	−2

ところが、まだ取引所のピットにおけるオープンアウトクライという叫び合いの取引が盛んな頃、ニューヨークの先物市場で前述のようなスプレッド取引に慣れ親しんでいた筆者は、これがなんとシカゴの先物市場では通用しないという事実を知ることになった。結論からいうと、シカゴに「マイナス」はないというのである。その意味は、前述の表におけるAからCまでの価格であれば、March≧Mayであるから「Buying March/May」で問題はないのだが、DやEのようにMarch＜Mayの場合には、「Buying March/May at −1, −2」ではなく「Selling May/March at 1, 2」であるというのである。つまり「3月限／5月限スプレッドをマイナス1や2で買う」のではなく、「5月限／3月限スプレッドを1や2で売る」のだという。実に衝撃的であった。

時が流れ、ほぼすべての米国先物取引が電子プラットフォーム上で売買されるようになった今、もはや前述のような昔話は単なる思い出にしたいところなのだが、実はこの限月間スプレッドの定義をめぐるシカゴとニューヨークの対立はいまだ終わっていない。プラットフォームによっては冒頭のシンプルな「ニューヨーク式」の取引画面もあり、筆者のような者にとってはきわめて使いやすいのだが、その場合にはスプレッド価格がプラスで表示されるのは期近限月＞期先限月のときだけである。一方で、金利や保管コストを考慮すると先物市場の限月間のカーブは本来「コンタンゴ（Contango）、あるいはキャリー（Carry）」といって、期先になるほど価格が高くなるはずで、「バックワーデーション

(Backwardation)、あるいはインバース（Inverse）」という期近が期先よりも高い状態は、理論的には短期的な供給不安などによってまれにしか起こらないとされている。そのため（おそらくはシカゴ市場の出身者がプラスの価格表示を維持する意図で）スプレッドの買い＝期近売り／期先買いと、本来とは真逆の定義による表示・注文画面をもつプラットフォームをつくりあげてしまっているケースも多々見受けられるのである。

しかも、あるシステムにおける「買い」が別のシステムでは「売り」になってしまうというにわかには信じがたいこの珍現象は、いずれも利用者が多い主要な電子プラットフォーム上での相反であるからさらに質が悪い。まるで20世紀のピット時代からよみがえってきた亡霊のように、シカゴとニューヨークの限月間スプレッドをめぐる対立は現代の電子取引世界においてもいまだに混乱を招き続けている。

3 ステートメントの理解とMark-to-Market
――日々の清算プロセス

デイリーステートメントの構造

FCMに先物口座を無事開設し、証拠金の基本概念も理解したところで、次は実際に先物市場で取引を始めた場合にその初日からかかわることになるMark-to-Marketと呼ばれるプロセス、つまり日々の損益清算と入出金に関する仕組みと手順を、FCMから毎日届くステートメントの例を用いてみていくことにする。図表2.3.1はデイリーステートメントの典型的な１ページ目のサンプルで、実のところ欧米には先物口座のステートメントを作成するソフトウェア会社は数社しか存在しないため、おおよそどのFCMに先物口座を開設したとしても、顧客が受け取るステートメントの体裁にほとんど差

図表2.3.1　デイリーステートメント例

ACCOUNT NUMBER : 123-45678
STATEMENT DATE : SEP 1,2023

XYZ CORPORATION
TOKYO, JAPAN

PAGE 1

* * * * * * * * * CONFIRMATION * * * * * * * * *

THE FOLLOWING JOURNAL ENTRIES HAVE BEEN POSTED TO YOUR ACCOUNT.

TRADE	JOURNAL DESCRIPTION	CC	DEBIT/CREDIT
9/1/23	FUNDS PAID VALUE 09/01	US	443,746.18 DR

THE FOLLOWING TRADES HAVE BEEN MADE THIS DAY FOR YOUR ACCOUNT AND RISK.

TRADE	BUY	SELL	CONTRACT DESCRIPTION	PRICE	CC	DEBIT/CREDIT
9/1/23	7		MAR 24 CBOT CORN	650 1/4	US	
			E-CBOT TRADE			
	16		MAR 24 CBOT CORN	654 1/2	US	
			E-CBOT TRADE			
	23*		LTD-3/14/24			
			AVG LONG : 653.20652			

* * * * * * * * * OPEN POSITIONS * * * * * * * * *

TRADE	BUY	SELL	CONTRACT DESCRIPTION	PRICE	CC	DEBIT/CREDIT
9/1/23	7		MAR 24 CBOT CORN	650 1/4	US	612.50
9/1/23	16		MAR 24 CBOT CORN	654 1/2	US	2,000.00 DR
	23*		LTD-3/14/24 CLOSE	652		

異はない。このことは、複数のFCMに先物口座をもつ市場参加者にとっては混乱が少なく、またマニュアル作成を試みる筆者のような立場の者には便利である一方、寡占によるデメリットがあることも否めない。筆者が四半世紀以上も前にユーザーとして不便に感じた一部の処理プロセスが現在でも変わっておらず、いまだに同じような工程を必要としているのも、そのデメリットの一例である。また、2023年2月に、欧米で40社を超える金融機関にステートメント作成のソフトウェアを提供している英国企業がサイバー攻撃に遭ったことで、かれこれ数週間にわたって複数の米国FCMによる顧客へ

のステートメント配信と、当局へのポジション報告が滞るという前代未聞の事態が続いたことも、現行のシステムの脆弱さを露呈する問題として無視できないところである。

ステートメント（Statement）とは明細書、報告書などと訳され、米国の金融機関には顧客に対する月次（Monthly）ステートメントの発行が義務づけられているのだが、第1章の2で述べたように、その日に生じた損益をすべて現金清算することで1日も含み損益を持ち越さない先物市場においては、FCMが顧客に対して日次（Daily）ステートメントを発行し、口座開設書類のなかで指定されたEメールアドレスへと送信する。その基本的な構造は大きく三つのセクションからなっており、まずはConfirmation（確認）欄から始まる。ここでは当日の入出金、新規トレード、ポジションのトランスファー（移管）やオフセット（相殺）、前日の訂正など、その日に当該先物口座でとられたすべてのアクション、生じたすべての変化が記載される。たとえば、図表2.3.1のConfirmation欄には、まずステートメント日である2023年9月1日に443,746.18ドルが口座から出金されたとの記載があり、続いてCBOTコーン先物3月限を7枚650 1/4、16枚654 1/2の計23枚、平均653.20652で買ったという当日のトレードが記録されている。

その次に来るのが二つ目のOpen Positionsという欄で、前述のConfirmation欄に列挙された各種「行動」の結果、ステートメント日の終了時点でこの先物口座にどのようなポジションが残っているのか、その時の口座の「状態」をまとめたものである。図表2.3.1では、当日に買ったコーン先物3月限の23枚がそのままOpen Positions欄にも記載されているのだが、最下段に記した当日の清算値である652によって、7枚650 1/4のロングには612.50ドルの値洗い利益が、また16枚654 1/2のロングには2,000ドルの値洗い損失が、それぞれその日の時点で発生していることが見て取れる。これがいわゆるMark-to-Marketと呼ばれるプロセスで、すべての既存ポジションを当日のMarket（つまり清算値）でMark（評価、記録）するのである。こうして、Confirmation欄に記載された当日のアクションと、Open Positions欄で

図表2.3.2　デイリーステートメントのサマリー欄

ABC FUTURES USA			FCM社名
CHICAGO, ILLINOIS			FCM住所
	ACCOUNT NUMBER：123-45678		口座番号
	STATEMENT DATE：SEP 1, 2023		ステートメント日付
XYZ CORPORATION			口座主社名
TOKYO, JAPAN			住所
	SEGREGATED - USD		分離保管口座　米ドル
BEGINNING BALANCE		266,519.11	①前日現金残高
COMMISSION		11.10 DR	清算手数料
FEES		10.00 DR	取引手数料
OPTION PREMIUM		3,156.25	オプションプレミアム
NET PROFIT / LOSS FROM TRADES		0.00	オフセット損益
CASH TRANSFERRED		443,746.18 DR	②当日入出金額
ENDING BALANCE		174,091.92 DR	③当日現金残高 ＋
OPEN TRADE EQUITY		5,080,251.57	④値洗い損益（OTE） ＝
TOTAL EQUITY		4,906,159.65	⑤総資産額（TE）
NET MARKET VALUE OF OPTIONS		273,762.50	オプション市場価値
ACCOUNT VALUE AT MARKET		5,179,922.15	口座市場価値
INITIAL MARGIN REQUIREMENT		4,641,754.16	⑥当初証拠金（IM）
MAINTENANCE MARGIN REQUIREMENT		4,641,754.16	維持証拠金（MM）
MARGIN EXCESS / MARGN DEFICIT		264,405.49	⑦マージン過不足額 （＝⑤－⑥）

Mark-to-Marketされた値洗い損益とをすべてまとめた口座全体の金融サマリーが、三つ目のセクションとしてデイリーステートメントの最後に記載されることになる。この例が図表2.3.2である。

図表2.3.2を上から順にみていくと、まず左上段に（このステートメントを発行している）FCMの社名と住所、右上段に口座番号とステートメントの日付、そして左側へ戻って口座主である顧客の社名XYZ Corporationとその住所へと続く。その下の「*SEGREGATED-USD*」とは、ここに記されたすべての金額が、米国の法律に基づいて米ドル建てのCustomer Segregated

Accountに「分離保管」されており、FCMが自社の資産と混蔵することが認められていないことを示している。なお、この分離保管はあくまでも米国市場に係る顧客資産に対する制度であり、たとえば、いくら米国FCMに開設した先物口座であっても、欧州市場の先物取引に係るユーロ建て資産は「*SECURED-EUR*」のように記される。翻訳すればSecuredという言葉も「安全性が保証された」という意味ではあるが、現実には単にそれらのユーロ建て資産に対しては、連邦破産法において米国管轄下の先物市場で「分離保管（Segregated）」された顧客資産と同じ保全優遇措置が適用されないことを示唆しているにすぎない。詳細は第３章の２であらためて後述する。

さて、ここからが米国先物口座のデイリーステートメントで最も重要でありながら、実務者、管理者の理解があまり行き届いていない部分である。まずは、①前日現金残高（Beginning Balance）の266,519.11ドルから、当日の売買に係るFCMへの清算手数料（Commission）や各ブローカーへの執行手数料など（Fees）を差し引き、オプション取引によって生じたプレミアムの受取り金額3,156.25ドルを加味し、最後に②当日入出金額（Cash Transferred―この例では443,746.18ドルの出金）を加減して、③当日現金残高（Ending Balance）が算出されるのだが、みてのとおりすでに174,091.92ドルのマイナスとなっている。もともと266千ドルあまりの現金残高しかない口座から443千ドルあまりもの金額を出金すれば、それだけでマイナスになるのは当たり前のことで、実は先物口座の現金残高がマイナスになること自体には何の問題もない。

その理由は、③現金残高がこの先物口座の⑤総資産額（Total Equity―TE）を構成する一要素にすぎないからで、当日の清算値で既存の全ポジションをMark-to-Marketして算出された④値洗い損益（Open Trade Equity―OTE）の5,080,251.57ドルも、「含み益」などではなく、立派なエクイティだからである。したがって、図表2.3.2の先物口座にXYZ Corporationが保有している資産は⑤の4,906,159.65ドルであって、それを構成する③と④がどれほど極端にプラスとマイナスへ分かれていてもかまわない。この点に関しては、本章の後半でもあらためて述べることにする。

さらに、この⑤総資産額（TE）にオプションの市場価値（Net Market Value of Options）を加えた金額が、当該先物口座全体の市場価値（Account Value at Market）ということになるのだが、第1章の3でも述べたように、先物オプションにはストックタイプの清算方法が適用されているため、仮に当日の終値で反対売買した場合に得られるオプションの市場価値はまだエクイティーではない。よって、オプションの価値を加算した口座全体の市場価値も「未実現損益」を含んだ机上の参考値にすぎず、常に必要証拠金額を上回っていなければならないのは、あくまでも⑤総資産額であるということになる。また、本章の1、2で述べたとおり、ヘッジ口座では⑥当初証拠金（IM）と維持証拠金（MM）が同額となるため、ヘッジャーにとってマージンは一種類しかないといってもほぼ差し支えなく、この例では4,641,754.16ドルの必要証拠金額を⑤総資産額が⑦264,405.49ドル上回ったため、この金額がMargin Excess（マージン余剰額）として翌朝にXYZ Corporationの銀行口座へと送金されることになるのである。

繰り返しになるが、図表2.3.2右側の日本語訳において点線で囲んだ2箇所は、米国先物口座のデイリーステートメントを理解するうえできわめて重要な基本構造を示している。まず、③当日現金残高（Ending Balance）＋④値洗い損益（Open Trade Equity）＝⑤総資産額（Total Equity）で、③がプラスで④がマイナスでも、その逆でもまったくかまわないが、⑤は常にプラスの金額でなければならない。この⑤と⑥必要証拠金額（Margin Requirement）を比較して、⑤＞⑥であれば、⑦差額のマージン余剰額を口座から出金することが可能となり、逆に⑤＜⑥であれば、⑦差額はマージン不足額（Margin Deficit）として、マージンコールによって入金を求められることになるのである。こうして翌日には③が①前日現金残高へと移り、前日に⑦で確定した金額の②当日入出金が行われて、新たな③当日現金残高となっていく。次に、この一連のサイクルを具体的な取引の例を用いつつみていくことにしたい。

日々のMark-to-Marketによる清算と入出金

米国のFCMに開設した先物口座で取引を始めるには、まず建玉する予定の先物ポジションに係る当初証拠金（IM）を事前にその口座へ入金する必要がある。たとえば、NYMEXに上場されているWTI原油先物11月限に必要な証拠金が１枚当り5,000ドルであったとして、仮に50枚を買い建てようとすれば、250,000ドル（＝5,000ドル×50枚）を自社名義の先物口座へまず入金する。図表2.3.3は入金当日のデイリーステートメントのサマリー欄を示した例で、この１日目の日付はT（Trade Date）＋０と記した。①前日現金残高（Beginning Balance）がゼロの口座へ250,000ドルの②当日入金額（Cash Transferred）が加わって③当日現金残高（Ending Balance）が250,000

図表2.3.3　日々の清算・入出金プロセス（１日目）

１日目

XYZ CORPORATION	DATE： T＋0	社名　日付
BEGINNING BALANCE	0.00	①前日現金残高
NET PROFIT / LOSS FROM TRADES	0.00	オフセット損益
CASH TRANSFERRED	250,000.00	②当日入出金額
ENDING BALANCE	250,000.00	③当日現金残高 ＋
OPEN TRADE EQUITY	75,000.00	④値洗い損益（OTE） ＝
TOTAL EQUITY	325,000.00	⑤総資産額（TE）
INITIAL MARGIN REQUIREMENT	250,000.00	⑥当初証拠金（IM）
MAINTENANCE MARGIN REQUIREMENT	250,000.00	維持証拠金（MM）
MARGIN EXCESS / MARGIN DEFICIT	75,000.00	⑦マージン過不足額（＝⑤－⑥）

1．原油先物の当初証拠金（IM）が＄5,000として、＄250,000（＝50枚×5,000）を事前に入金
2．NYMEXでWTI原油先物の11月限を50枚、76.00（ドル／バレル）にて買い建てたとする
3．当日中に11月限の先物価格が1.50ドル上昇してセトルメント（清算値）は77.50となった
4．原油の取引単位は１枚1,000バレルのため、値洗い益＄75,000（＝1.50×1,000×50枚）
5．反対売買せずとも＄75,000の余剰益（Margin Excess）は清算されて、口座から翌日出金

ドルとなり、最大50枚までの原油先物11月限が建玉可能となったのである。

そこで口座主のXYZ CorporationがNYMEXのWTI原油先物11月限を50枚76.00（ドル／バレル）で買い建てたところ、当日中に価格が上昇して、11月限のセトルメント価格（清算値）は77.50となった。原油先物の取引単位は1枚1,000バレルと標準化されているため、④値洗い益は1.50（＝77.50－76.00）ドル×1,000バレル×50枚で75,000ドルとなり、この先物口座の⑤総資産額は325,000ドル（＝③＋④）へと増加。その結果、⑥必要証拠金額の250,000ドルを超過した分の75,000ドルが⑦Margin Excessとして翌日出金されることになる。つまり、この日に生じてMark-to-Marketされた④値洗い益が、全額そのまま現金で清算されるのである。

図表2.3.4は2日目のステートメントを示したもので、まず前日の⑦マー

図表2.3.4　日々の清算・入出金プロセス（2日目）

2日目

XYZ CORPORATION	DATE： T＋1	社名　日付
BEGINNING BALANCE	250,000.00	①前日現金残高
NET PROFIT / LOSS FROM TRADES	0.00	オフセット損益
CASH TRANSFERRED	75,000.00 DR	②当日入出金額
ENDING BALANCE	175,000.00	③当日現金残高 ＋
OPEN TRADE EQUITY	300,000.00	④値洗い損益（OTE） ＝
TOTAL EQUITY	475,000.00	⑤総資産額（TE）
INITIAL MARGIN REQUIREMENT	250,000.00	⑥当初証拠金（IM）
MAINTENANCE MARGIN REQUIREMENT	250,000.00	維持証拠金（MM）
MARGIN EXCESS / MARGIN DEFICIT	225,000.00	⑦マージン過不足額（＝⑤－⑥）

1．前日のMark-to-Marketによるマージン余剰額（Margin Excess）$75,000が口座から出金
2．新規トレードは行わず、T＋0に建玉した原油先物11月限のロング50枚をそのまま維持
3．原油先物11月限は前日比4.50ドル上昇し、セトルメント価格は82.00（ドル／バレル）に
4．現金減でも値洗い益（OTE）$300,000への増加により総資産額（TE）が＄475,000へ増加
5．ポジション維持にて必要証拠金額も変わらず、余剰額（Margin Excess）$225,000が発生

ジン余剰額である75,000ドルが②当日入出金額として口座から引き出され、③当日現金残高は175,000ドルへと減少する。この日に新たな取引は行わなかったが、前日に50枚買い建てた原油先物11月限はさらに4.50（ドル／バレル）上昇して清算値82.00で取引を終えたため、④値洗い損益（OTE）が6.00（＝82.00－買い値の76.00）×1,000バレル×50枚で300,000ドルへ増加したことから、③との合計である⑤総資産額（TE）も475,000ドルまで増加する結果となった。

一方、ロング50枚のままでポジション数量が前日から変化しなかったため、⑥必要証拠金額は250,000ドルで据え置かれており、２日目も⑦マージン余剰額が225,000ドル発生した。ここであらためて確認しておきたいのは、④値洗い益の300,000ドルから１日目のマージン余剰額75,000ドルを差し引くと、２日目の⑦余剰額225,000ドルになるという点で、このことは１日目に76.00で買い建てた原油先物11月限の50枚が、１日目の清算値である77.50で一度清算されたことで、実質的にはその77.50で「再建玉」されて２日目を迎えていたともいえるという事実を示唆しているのである。つまり、④値洗い益300,000ドルのうち75,000ドルは１日目の終了時点ですでに清算し、２日目に現金で出金ずみであり、残る225,000ドルも同様に（３日目には）口座から現金で引き出されるため、もはや50枚の原油先物11月限は76.00で買い建てたのではなく、82.00で買い建て直したと考えて３日目を迎えるべきなのである。

３日目のステートメントを示したのが図表2.3.5で、まず前日のMark-to-Marketで算出されたマージン余剰額の225,000ドルが②当日の出金額としてこの先物口座からXYZ Corporationの指定銀行口座へ送金されるのだが、①前日の現金残高が175,000ドルしかないため、出金後には②当日現金残高が50,000ドルのマイナスになってしまう。ただし、図表2.3.2のサマリー欄の例でも触れたが、現金残高がゼロを下回ること自体には何の問題もない。

１日目、２日目の清算・入出金プロセスの例が示すように、先物口座では値洗い利益が発生すればするほど現金が引き出されていくため、③当日現金

図表2.3.5　日々の清算・入出金プロセス（3日目）

3日目

XYZ CORPORATION	DATE： T＋2	社名　日付
BEGINNING BALANCE	175,000.00	①前日現金残高
NET PROFIT / LOSS FROM TRADES	0.00	オフセット損益
CASH TRANSFERRED	225,000.00 DR	②当日入出金額
ENDING BALANCE	50,000.00 DR	③当日現金残高 ＋
OPEN TRADE EQUITY	150,000.00	④値洗い損益（OTE） ‖
TOTAL EQUITY	100,000.00	⑤総資産額（TE）
INITIAL MARGIN REQUIREMENT	250,000.00	⑥当初証拠金（IM）
MAINTENANCE MARGIN REQUIREMENT	250,000.00	維持証拠金（MM）
MARGIN EXCESS / MARGIN DEFICIT	150,000.00 DR	⑦マージン過不足額（＝⑤－⑥）

1．前日のMark-t o-Marketによるマージン余剰額（Margin Excess）$225,000が口座から出金
2．現金残高のマイナスは、単に今まで利益が発生して口座から現金を出金した経緯を示唆
3．新規トレードは行わず、T＋0に建玉した原油先物11月限のロング50枚をそのまま維持
4．原油先物11月限は前日比3.00ドル反落し、セトルメント価格は79.00（ドル／バレル）に
5．マージンは＄250,000で据え置きも、総資産額の減少で＄150,000のマージンコール発生

残高のマイナスは、対称的な④値洗い損益（OTE）のプラスを暗示しているにすぎず、どれほど③のマイナス幅が拡大しても、口座主がFCMから借金を重ねているわけではない。また、これとは逆に③現金残高が膨大な金額へと積み上がったステートメントをみて、そのような額の現金をFCMへ「預託」しているものと勘違いする人が非常に多いのだが、③現金残高の蓄積は単に④値洗い損失の日々の清算のために現金を支払い続けた「敗者」の足跡でしかない。送金した現金は日々FCMから清算機構を通じてすでに「勝者」の手に渡ってしまっているため、今ここで述べているような毎日の⑦マージン過不足額の入出金によって⑤総資産額と⑥証拠金額とを一致させるプロセスを踏んでいる限り、仮に③が何百万ドルという金額に達しても、その分は④値洗い損益が巨額のマイナスへふくらんでおり、そこには口座主に所有権

のある「預託金」は存在しない。XYZ CorporationがこのFCMの先物口座にもっているのは、あくまでも⑤総資産額であるという事実をあらためて強調しておきたい。

さて、話を戻すと３日目には原油先物11月限が前日比3.00反落してセトルメント価格が79.00となったため、④値洗い益が150,000ドルへと減少し、マイナス50,000ドルの③当日現金残高とあわせて、⑤総資産額が100,000ドルまで縮小。この日も新規トレードはなく、⑥必要証拠金額は250,000ドルで変わらず、その結果３日目では初めて⑤＜⑥となり、150,000のマージン不足額（Margin Deficit）が発生することになった。翌４日目の朝にはFCMからマージンコール（Margin Call）という150,000ドルの入金要請を受けることになるのだが、本章の２でも述べたとおり、ここで入金する150,000ドルは「（追）証拠金」ではない。なぜかといえば、XYZ Corporationは１日目に原油先物50枚の買いに必要な当初証拠金（IM）を250,000ドル入金し、２日目も３日目もそのポジションを動かしていないので必要証拠金額は１日目以降まったく変わっていない。変動しているのは原油先物価格だけであり、その上下によって１日に発生した損益を毎日現金で清算しているにすぎず、翌４日目に支払わなければならない150,000ドルとは、50枚の原油先物ロングが３日目に被った１日分の損失清算額なのである。

こうして４日目には、図表2.3.6に示したステートメントにあるように（マージンコールに応えて送金した）②当日の入金額150,000ドルによって、③現金残高が100,000ドルのプラスを回復。一方で、この日は前日３日目の清算値でもある79.00で原油先物11月限を100枚買い増したため、合計のロングポジションは平均78.00の150枚へと拡大した。ところが、原油先物はセッション後半に2.00下落して清算値77.00で４日目を終えており、累計の④値洗い損益が（77.00－78.00）×150枚×1,000バレル＝150,000ドルのマイナスとなったことで、③＋④の⑤総資産額も50,000ドルのマイナスへ転落した。このことは実は非常事態なのである。

どうして⑤総資産額のマイナスが非常事態なのか。ここであらためて図表

図表2.3.6　日々の清算・入出金プロセス（4日目）

4日目

XYZ CORPORATION	DATE： T＋3	社名　日付
BEGINNING BALANCE	50,000.00 DR	①前日現金残高
NET PROFIT / LOSS FROM TRADES	0.00	オフセット損益
CASH TRANSFERRED	150,000.00	②当日入出金額
ENDING BALANCE	100,000.00	③当日現金残高 ＋
OPEN TRADE EQUITY	150,000.00 DR	④値洗い損益（OTE） ＝
TOTAL EQUITY	50,000.00 DR	⑤総資産額（TE）
INITIAL MARGIN REQUIREMENT	750,000.00	⑥当初証拠金（IM）
MAINTENANCE MARGIN REQUIREMENT	750,000.00	維持証拠金（MM）
MARGIN EXCESS / MARGIN DEFICIT	800,000.00 DR	⑦マージン過不足額（＝⑤－⑥）

1．前日のMargin Deficit額入金を求めるマージンコールに応じて＄150,000を口座へ送金
2．原油先物11月限を100枚@79.00で買い増したため、合計ロングは150枚@平均78.00に
3．ただし、後半に原油先物11月限は2.00下落し、セトルメント価格は77.00（ドル／バレル）
4．累計の値洗いが＄150,000の損失へ転じたため、総資産額も＄50,000のマイナスへ転落
5．買い増しで証拠金も＄750,000へ増加したが、それ以前に負の総資産額へは要対処か

2.3.5で３日目のステートメントを見直してみると、ここでは150,000ドルの⑦マージン不足が生じているのだが、もしもXYZ Corporationがマージンコールに応じなければ、FCMは既存のポジション（原油先物11月限ロング50枚）を強制的に手仕舞うことが認められている。ポジションがすべてなくなれば⑥必要証拠金額がゼロとなって、この口座には⑤総資産額の100,000ドルだけが残ることになる。つまり、少なくとも最終的に口座残高のプラスは維持することができる。ところが図表2.3.6に示した４日目の場合はそうはいかない。仮にFCM側が既存のポジションであるロング150枚の原油先物11月限を強制的に手仕舞えば、750,000ドルの⑥必要証拠金は不要となるが、それでもこの先物口座には50,000ドルの不足が⑤総資産額に生じてしまう。つまり、FCMの立場からみるとXYZ Corporationに対する未収債権を抱え

ることになり、貸付金融機関でもないFCMがこのような事態を想定していないばかりでなく、たとえ顧客からの入金がなくても清算機構に対する支払義務は残るため、FCMは自己資金で50,000ドルをまかなうか、あるいは資金調達しなければならない。さらに、この額は先物市場の根幹を支える清算システムを維持するために連邦当局が常時報告を義務づけている清算FCMの純資本額の計算においても差し引かれるのである。例外的な１社50,000ドルだけですめばよいものの、もしも負の⑤総資産額が多くの顧客口座で同時発生するような事態になれば、管轄機関であるCFTCから罰則の適用を受けるだけではなく、FCMはその登録ステータスさえ失い兼ねないことになる。これらが⑤総資産額のマイナス突入が非常事態であると述べた理由である。

したがって、仮に取引時間中に計算された瞬間的なマイナスであっても、もし顧客先物口座に負の⑤総資産額が生じると判断した場合には、取引時間終了も清算値の確定によるステートメントの発行をも待つことなく、FCMは顧客に対して即座に当日中の追加入金を要求することができる。このような先物口座のエクイティ枯渇に伴う緊急の入金要請をVariation Margin Callと呼ぶ。本章の２でデューク兄弟が即日の支払を迫られた394百万ドルは、正しくはMargin Callではなく、Variation Margin Callであったということになる。もちろんこれは証拠金の一種などではなく、また通常のマージンコールとは深刻さが異なる次元の事態なのだが、きわめてまれにしか発生しないうえ、FCMにとっても顧客にとっても非常に対応がむずかしい。穀物など一部の商品を除いてほとんどの市場において値幅制限が設けられていない米国の先物市場では、特に天然ガスや原油などが地政学リスクの高まりを敏感に反映して異常な値動きに至り、同時に多くの顧客口座で総資産の枯渇という非常事態にFCMが見舞われるケースが以前よりも増えてきている。さらに、米国外の先物口座主からは時差の関係もあって物理的に即日の入金が不可能である場合も多いため、FCMはそのような顧客とはあらかじめ日々の⑦マージン過不足額の入出金を行わず、常に③現金残高にバッファーとして余剰額を維持してもらうなどの個別対応を（時に先物口座開設当初から）アレンジする必要に迫られている。

結局、図表2.3.6の４日目にFCMは、後から50,000ドルに対する１日分の金利を顧客に請求することにして、Variation Margin Callを発動することなく、通常のマージンコールとして⑦不足額800,000ドルの入金を要請したとする。図表2.3.7はこの800,000ドルの入金によって③当日現金残高が900,000ドルへと増えた５日目のステートメントを示したものである。

５日目には150枚まで拡大させていた原油先物11月限のロングポジションのうち、50枚を前日の清算値77.00で手仕舞い売りしたが、この日のセトルメント価格も77.00で変わらなかったため、③値洗い損益はマイナス150,000ドルで変化なし。その結果、800,000ドルの入金を反映して⑤総資産額は750,000ドルへと大きくプラスを回復した。なお、後述するオフセット

図表2.3.7　日々の清算・入出金プロセス（５日目）

５日目

XYZ CORPORATION	DATE：　T＋4	社名　日付
BEGINNING BALANCE	100,000.00	①前日現金残高
NET PROFIT / LOSS FROM TRADES	0.00	オフセット損益
CASH TRANSFERRED	800,000.00	②当日入出金額
ENDING BALANCE	900,000.00	③当日現金残高 ＋
OPEN TRADE EQUITY	150,000.00 DR	④値洗い損益（OTE） ‖
TOTAL EQUITY	750,000.00	⑤総資産額（TE）
INITIAL MARGIN REQUIREMENT	500,000.00	⑥当初証拠金（IM）
MAINTENANCE MARGIN REQUIREMENT	500,000.00	維持証拠金（MM）
MARGIN EXCESS / MARGIN DEFICIT	250,000.00	⑦マージン過不足額（＝⑤－⑥）

1．前日に＄50,000のVariation Margin Call は発動されず、不足額＄800,000を通常どおり入金
2．原油先物11月限を50枚@77.00で手仕舞い売りしたため、残るロングは100枚へと減少
3．セトルメント価格は77.00で前日比変わらず、値洗い損益もマイナス＄150,000で変化なし
4．ステートメントにはロング150枚、ショート50枚が残っているが、証拠金は100枚分へ減少
5．手仕舞い売りした50枚相当の証拠金額＄250,000がMargin Excessとして翌日出金される

(Offset）と呼ばれるステートメント上のロングとショートの消し込み作業をまだ行っていないため、５日目のステートメントには原油先物11月限のロングが50枚78.00（１日目の買い）、100枚79.00（４日目の買い）の合計150枚、ショートが50枚77.00（５日目の売り）と、それぞれ残っているものの、米国先物市場には日本のような「両建て」という概念は存在しないため、XYZ Corporationのロングポジションは100枚へと減少しており、当然それを受けて⑥必要証拠金額も100枚分の500,000ドルへと減額された。したがって、手仕舞った原油先物50枚分の必要マージン額に相当する250,000ドルが⑦Margin Excessとして翌日の６日目に口座から出金されることになるのである。

オフセットの本質と調整可能な現金残高

前述のとおり、先物を150枚ロングしている状態で、それと同一商品、同一限月の先物を50枚売れば、ロングポジションは100枚へと減少する。そのことは、図表2.3.7で５日目のステートメントに示したように、⑥必要証拠金額が150枚分から100枚分へと減額されたことでも証明される単純な引き算で、150枚のロングと50枚のショートによって200枚分の証拠金が必要になるようなことはない。ところが、市場参加者によってはステートメント上に150枚のロングと50枚のショートを両方ともしばらく残しておきたいと希望するケースもあり、時価会計の申し子ともいえる米国先物取引においては通常ロングとショートがFIFO（First In, First Out—先入れ先出し）で相殺されていくところ、日本のような原価主義会計が色濃く残る国の顧客に対しては、指定した消し込みの指示を受けてはじめてステートメント上のポジションをオフセットするというサービスを提供しているFCMも多い。

図表2.3.8は、４日目に79.00で買った原油先物11月限の50枚と、５日目に77.00で売った50枚とを、XYZ Corporationの指示に従ってFCMがオフセットした場合の６日目のステートメントを示したものである。オフセットによる（77.00－79.00）×50枚×1,000バレル＝100,000ドルの損失がNet Profit/

図表2.3.8　日々の清算・入出金プロセス（6日目）

6日目

XYZ CORPORATION	DATE： T＋5	社名　日付
BEGINNING BALANCE	900,000.00	①前日現金残高
NET PROFIT / LOSS FROM TRADES	100,000.00 DR	オフセット損益
CASH TRANSFERRED	250,000.00 DR	②当日入出金額
ENDING BALANCE	550,000.00	③当日現金残高
		＋
OPEN TRADE EQUITY	50,000.00 DR	④値洗い損益（OTE）
		＝
TOTAL EQUITY	500,000.00	⑤総資産額（TE）
INITIAL MARGIN REQUIREMENT	500,000.00	⑥当初証拠金（IM）
MAINTENANCE MARGIN REQUIREMENT	500,000.00	維持証拠金（MM）
MARGIN EXCESS / MARGIN DEFICIT	0.00	⑦マージン過不足額（＝⑤－⑥）

1．４日目の買い50枚@79.00と、５日目の売り50枚@77.00をステートメント上でオフセット
2．$100,000のオフセット損失が、Net Profit/Loss From Tradesとして現金から差し引かれる
3．新規トレードは行わず、原油先物11月限のセトルメント価格も前日比変わらずの77.00
4．ロング100枚が維持され、必要証拠金額も変わらないので当然だが過不足は生じない
5．総資産額の一要素である値洗い損益から現金残高へ＄100,000の損失が移動しただけ

Loss From Tradesとして記載され、②当日の出金額とともに①前日現金残高から差し引かれたため、⑤当日現金残高は550,000ドルへと減少している。一方で、この日に新規トレードはなく、また原油先物11月限の清算値も前日の77.00から変化しなかったと仮定すれば、維持されているロング100枚という既存ポジションに係る⑥必要証拠金額も500,000ドルで変化しないため、当然ながら⑦マージン過不足は発生しない。ではオフセット損失の100,000ドルはどこから来たのかというと、それは④値洗い損益から移動してきていたことがわかる。つまりオフセットとは、⑤総資産額を構成する一要素の④値洗い損益から、もう一つの要素である③現金残高へのステートメント上の金額移動にすぎないのである。

図表2.3.2でステートメントのサマリー欄に記載されている清算手数料

（Commission）や取引手数料（Fees）がチャージされるタイミング、つまり取引時点で現金残高から差し引くのか、あるいはオフセット時点なのかは口座開設時に顧客とFCMとで話し合われる決め事であり、もし取引成立時点で売買に係る手数料類をすべてチャージすることにした場合、後からステートメント上で行われるオフセットは、先物口座自体のバランスに何の影響も与えないことになる。

それでは6日目に50枚の原油先物11月限をオフセットする際、もし4日目に買った79.00のかわりに、1日目に買った76.00と5日目に77.00で売った50枚とを相殺していたらどうなったであろうか。その場合のステートメントを示したのが図表2.3.9である。

今度は損失ではなく、オフセットによる（77.00－76.00）×50枚×1,000

図表2.3.9　日々の清算・入出金プロセス（6日目―別のオフセットシナリオ）

6日目（別のオフセットシナリオ）

XYZ CORPORATION	DATE： T＋5B	社名　日付
BEGINNING BALANCE	900,000.00	①前日現金残高
NET PROFIT / LOSS FROM TRADES	50,000.00	オフセット損益
CASH TRANSFERRED	250,000.00 DR	②当日入出金額
ENDING BALANCE	700,000.00	③当日現金残高 ＋
OPEN TRADE EQUITY	200,000.00 DR	④値洗い損益（OTE） ＝
TOTAL EQUITY	500,000.00	⑤総資産額（TE）
INITIAL MARGIN REQUIREMENT	500,000.00	⑥当初証拠金（IM）
MAINTENANCE MARGIN REQUIREMENT	500,000.00	維持証拠金（MM）
MARGIN EXCESS / MARGIN DEFICIT	0.00	⑦マージン過不足額（＝⑤－⑥）

1．1日目の買い50枚@76.00と、5日目の売り50枚@77.00をステートメント上でオフセット
2．$50,000のオフセット利益が、Net Profit/Loss From Tradesとして現金残高へ加算される
3．新規トレードは行わず、原油先物11月限のセトルメント価格も前日比変わらずの77.00
4．ロング100枚が維持され、必要証拠金額も変わらないので、当然だが過不足は生じない
5．総資産額の一要素である値洗い損益から、現金残高へ＄50,000の利益が移動しただけ

バレル＝50,000ドルの利益がNet Profit / Loss From Tradesとして記載され、①前日現金残高へ加算されるため、逆に④値洗い損失が200,000ドルへと拡大した。もちろんポジション（100枚のロング）も原油先物11月限の清算値（77.00）も５日目から変わっていないため、⑦マージンの過不足が生じるはずはないのだが、なんらかの意図でステートメント上の③当日現金残高を多くみせたい場合には、図表2.3.9のように最大限の利益が生まれる組合せをオフセットすればよい。

図表2.3.10は、これまでみてきた１日目から６日目までのステートメント上の各項目の金額推移を1,000ドル単位で表にまとめたものである。日付の「Ｔ＋０」が１日目で、「Ｔ＋５」が６日目、「Ｔ＋５Ｂ」は６日目に別のオフセットシナリオを実施した図表2.3.9のステートメントの金額。太線で囲

図表2.3.10　ステートメント上の各項目の金額推移

	ステートメント日付	Ｔ＋０	Ｔ＋１	Ｔ＋２	Ｔ＋３	Ｔ＋４	Ｔ＋５	Ｔ＋５Ｂ
①	前日現金残高	0	250	175	(50)	100	900	900
	オフセット損益	0	0	0	0	0	(100)	50
②	当日入出金額	250	(75)	(225)	150	800	(250)	(250)
③	当日現金残高	250	175	(50)	100	900	550	700
④	値洗い損益（OTE）	75	300	150	(150)	(150)	(50)	(200)
⑤	総資産額（TE）	325	475	100	(50)	750	500	500
⑥	必要証拠金額	250	250	250	750	500	500	500
⑦	マージン過不足額	75	225	(150)	(800)	250	0	0
	原油先物清算値	77.50	82.00	79.00	77.00	77.00	77.00	77.00
	ポジション（枚）	50	50	50	150	100	100	100
	累計損益額	75	300	150	(150)	(150)	(150)	(150)
	同社現金口	(250)	(175)	50	(100)	(900)	(650)	(650)

・１日～６日目までのステートメント上の各項目の金額推移を（1,000ドル単位で）表示
・Ｔ＋５Ｂには６日目に別のオフセットを実施したシナリオ（図表2.3.9）の金額を表示
・太線で囲んだＴ＋５、およびＴ＋５Ｂの③と④は、オフセットで任意に相互調整可能
・同社は現金口から（650）拠出し、累計（150）を失ったので、現在⑤総資産額500

んだT＋５とT＋５B両日の③当日現金残高と④値洗い損益の金額は、前述したようにオフセットで消し込むロングとショートの選択によって任意に相互調整が可能だが、肝心の⑤総資産額は影響を受けていないことが見て取れる。

それでは、米国先物口座の管理者としてはいったいステートメントのどの金額をモニタリングしていけばよいのだろうか。少なくともオフセットの例で明らかにしたとおり、操作可能な③当日現金残高や④値洗い損益の金額を追っても意味がない。一方で、表の下段に加えた「累計損益額」や「現金口」の残高はFCMから日々届くステートメント上に記載される金額ではないものの、後者に関しては、社内の経理担当者に現金勘定を調べてもらえばすぐに判明するはずである。この表からわかるとおり６日目時点で同社（XYZ Corporation）は現金口から累計650千ドルを先物口座へ送金しているのだが、では今その先物口座にいくら残っているのか。それは図表2.3.2でサマリー欄を説明した際にも述べたとおり、あくまでも⑤総資産額（Total Equity）をみればよい。ということは、累計で650千ドルを入金した先物口座に６日目が終了した時点（T＋５）で500千ドルの⑤総資産額が残っているので、XYZ Corporationは一連の原油先物取引で累計150千ドルの損失（下から二段目）を被ったということになり、その金額はすでに日々のMark-to-Marketと入出金によって現金で清算ずみである、ということになるのである。

コラム 7

初回受渡し通知日（FND）

時として忘れ去られがちだが、米国におけるほとんどの商品先物では反対売買による差金決済だけでなく、最終的に当該先物の原資産であるコモディティの受渡しが行われることもありうる。このことを知らしめる教訓として、実話かどうかは甚だ疑わしいものの、米国には先物講座の教科書にも載る定番の逸話がある。

大都会の大手金融機関に就職した新入社員が先物部門に配属され、複数の顧客口座を任されるのだが、そのなかにCMEの生牛（Live Cattle）先物をヘッジ利用している畜産業者がいた。ある限月の最終取引日（Last Trading Day―LTD）に新入社員はその顧客から先物１枚の手仕舞い売り注文を受け、間違ってそれを売るかわりに買ってしまったというのである。気がついた時にはすでにCMEの受渡し期間は終了しており、その金融機関は（顧客のポジションを差金決済するはずが）ライブキャトル先物のロングを２枚抱える羽目になり、もはや取引所のクリアリングハウスを通じて売り手が受渡し通知を出してくるのを待つしかなくなってしまった。そして、最終的にその金融機関に取引所から届いた受渡し通知には、米国中に点在するCMEの受渡し場所のなかでも、オフィスから2,000マイル（3,219km）離れた生牛のオークション会場が指定されており、新入社員はそこへ出張することになる。さらに、そこでデリバリーされた牛を即時転売することができなかったために、金融機関は次に競りが行われる１週間後までの牛舎を手配し、コストを負担し、大都会で金融機関に就職したはずの新入社員は、気がつけば遠く離れた田舎町の牛舎で１人、１週間にわたって牛に餌を与える任務に従事せざるをえなかったというストーリーである。

原資産の現物受渡しが可能な（Deliverable）先物商品では、たとえばICEの砂糖先物のように、最終取引日（Last Trading Day―LTD）のセッション終了時点で反対売買されずに残っていたショートとロングとの間で（問答無用に）現物の受渡しが行われる商品もあれば、CBOTの穀物先物のように、あらかじめ定められた「初回受渡し通知日」（First Notice Day―FND）と呼ばれる日から「最終受渡し通知日」（Last Notice Day―LND）までの間に、ショート保有者が清算FCMを通じて取引所の清算機構に受渡し通知（Notice of Intention to Deliver）を提出し、それを受けた清算機構が（各FCMのポジション報告を基に）最も古いロングの保有者から順にデリバリーの通知を割り当てていくという商品もある。

後者の場合、たとえば穀物先物では、デリバリーの通知とともに清算機構から商品代金を請求されたロング保有者は、支払によって商品のShipping Certificate（取引所承認の受渡し施設が発行したデリバリー保証書）か、あるいはWarehouse Receipt（倉荷証券）を、渡し手から（清算機構を通じて）受け取ることになる。こうして先物の原資産を渡されたロング保有者は、前述の牛の例のように（餌代などを含む）保管コストを支払いつつ現物をロングし続けるか、現物やShipping Certificateを転売するか、あるいは新たに先物を売り建てて今度は潜在的な渡し手の側へと転身するか、最終受渡し通知日（LND）までの受渡し期間中には幾つかの選択肢をもつことになるものの、それ以前に、原資産のコモディティを現受けする必要がなかったのであれば、FND前に反対売買によってロングを解消しておくべきだったのである。

一方、穀物先物のショート保有者は、初回受渡し通知日（FND）を過ぎたからといって原資産を渡さなければならないわけではないが、この日を境に当該限月の取組高が急速に減少していくため、やはりデリバリーする意思がないのであれば、流動性の低下が買い戻しに支障をきたし始める前にポジションを解消しておくべきである。いずれにせよ、逸話に登場する新入社員の轍を踏まぬよう、FNDの前に清算FCMからポジション保有者へ発信される警戒にはしっかり耳を傾けておきたい。

先物オプションの売買とオフセットによる影響

ここまでは先物ポジションのMark-to-Marketと、それに伴う日々の入出金プロセスをみてきたが、第１章の３で言及したように、先物オプションはStock-Type Settlement（株式タイプの清算）と呼ばれる仕組みで値洗いされており、Futures-Type Settlement（先物タイプの清算）とは根本的に異なる。したがって、⑤総資産額に与える影響も先物とは異なり、またオフセットは（先物にも増して）意味をもたなくなるので注意したい。簡単な例で順を追って説明すると、たとえば、まず2023年９月１日にXYZ Corporationが2024年３月限コーン先物の権利行使価格700セントのコールオプションを50枚16セントで売り建てたとする。同日のステートメントが図表2.3.11である。

まず先物と異なるのは、先物オプションでは売買に係る手数料、具体的に図表2.3.11の例では清算FCMの手数料であるCommissionと、執行に係る手数料であるFeesが、売買時に必ずチャージされるという点である。先物の場合には買い建てても、売り建てても（原資産を受け渡さない限り）将来必ず反対売買が行われるため、オフセット時に手数料をまとめてチャージするという口座設定も可能だが、先物オプションの場合には、それが納会日に無価値となって消滅する可能性、つまり反対売買が行われない可能性があるた

図表2.3.11　オプションを売り建てた日のステートメント例

STATEMENT DATE : SEP 1, 2023

XYZ CORPORATION
TOKYO, JAPAN

PAGE 1

* * * * * * * * * CONFIRMATION * * * * * * * * *

THE FOLLOWING TRADES HAVE BEEN MADE THIS DAY FOR YOUR ACCOUNT AND RISK.

TRADE	BUY	SELL	CONTRACT DESCRIPTION	PRICE	CC	DEBIT/CREDIT
9/1/23		50	CALL MAR 24 CBOT CORN 700	16	US	40,000.00
			E-CBOT TRADE			
		50*	EX - 2/23/24 COMMISSION		US	83.25 DR
			AVG SHORT : 16.00000 FEES		US	75.00 DR
			OPTION PREMIUM		US	40,000.00
			NET PROFIT OR LOSS FROM TRADES		US	39,841.75

* * * * * * * * * OPEN POSITIONS * * * * * * * * *

TRADE	BUY	SELL	CONTRACT DESCRIPTION	PRICE	CC	DEBIT/CREDIT
9/1/23		50	CALL MAR 24 CBOT CORN 700	16	US	45,000.00
		50*	EX - 2/23/24 CLOSE	18		45,000.00

め、必ず売買時に手数料が口座から差し引かれることになるのである。

なお、売り建てた50枚の合計欄「50*」の横に「EX-2/23/24」とあるが、これは2024年3月限コーン先物オプションの満期日（Expiration Date）が2024年の2月23日であるという意味で、図表2.3.1に示した先物の取引例では「EX-」ではなく「LTD-」、つまり最終取引日（Last Trading Day）となっていた。オプションが満期（あるいは期限）を迎えることは、先物同様に日本語では「納会する」というが、英語では「Expire」という動詞を使う。ただし、先物が最終取引日を迎えることを「Expire」するとはいわないので注意されたい。先物の場合はLTDの後にも原資産の受渡し期間（コラム⑦「初回受渡し通知日（FND）」参照）が数日間まだ残っている先物商品が多く、その限月が完全に消えてしまう（＝Expireする）わけではないので、最終取引日（LTD）の先物取引を終えることは「Going off the Board」と表現されることが多い。先物価格を掲示しているボード（the Board）から外れる（Go off）という意味である。

こうしてステートメントのConfirmation欄に、まず当日実行したトレードが記載され、受取りプレミアムの40,000ドルから手数料を差し引いた39,841.75ドルが口座に入金されるのだが、一方で、Confirmation欄の「行動」の結果を受けた先物口座の「状況」を示すOpen Positions欄では、そのクレジット額が45,000ドルとなっている。これは、売買した当日の9月1日にコーン先物3月限700コールオプションの清算値が（売り値の16に対して）18セント／ブッシェルであったことによる。つまり口座の「状況」としては、仮にその日の清算値ですべて反対売買した場合に得られる（あるいは支払う）金額を既存ポジションの価値として示すため、売り建てた16ではなく、清算値の18が計算根拠になるのである。

この1日目、つまり9月1日のデイリーステートメントのサマリー欄を示したのが図表2.3.12で、ここでは口座残高ゼロの状態から前述のコールを売り建てたものと仮定している。

ここで注目したいのは3点である。まず先物オプションでは取引時点で③

図表2.3.12　オプションを売り建てた日のステートメントのサマリー欄

STATEMENT DATE：SEP 1, 2023		ステートメント日付
XYZ CORPORATION		口座主社名
TOKYO, JAPAN		住所
SEGREGATED - USD		分離保管口座　米ドル
BEGINNING BALANCE	0.00	①前日現金残高
COMMISSION	83.25 DR	清算手数料
FEES	75.00 DR	取引手数料
OPTION PREMIUM	40,000.00	オプションプレミアム
NET PROFIT / LOSS FROM TRADES	0.00	オフセット損益
CASH TRANSFERRED	0.00	②当日入出金額
ENDING BALANCE	39,841.75	③当日現金残高
		＋
OPEN TRADE EQUITY	0.00	④値洗い損益（OTE）
		॥
TOTAL EQUITY	39,841.75	⑤総資産額（TE）
NET MARKET VALUE OF OPTIONS	45,000.00 DR	オプション市場価値
ACCOUNT VALUE AT MARKET	5,158.25 DR	口座市場価値
INITIAL MARGIN REQUIREMENT	40,000.00	⑥当初証拠金（IM）
MAINTENANCE MARGIN REQUIREMENT	40,000.00	維持証拠金（MM）
MARGIN EXCESS / MARGN DEFICIT	158.25 DR	⑦マージン過不足額（＝⑤－⑥）

現金残高が変化するという点。前述の手数料もさることながら、オプションを買えばプレミアムの支払が売買時に生じ、オプションを売れば図表2.3.12のように、プレミアムの受取りによって現金残高が増える。二つ目は④値洗い損益（OTE）が生じないという点。たとえば、投資家が購入した現物株式が値上りしてもそれは評価益にすぎず、投資家が自由に使えるお金（エクイティー）ではないのと同じで、先物オプションの損益は（先物のように）日々清算されるものではない。これがStock-Type Settlement（株式タイプの清算）と呼ばれる理由である。続く三つ目は、オプションの市場価値（Net Market Value of Options）が⑤総資産額に含まれないという点。繰り返すようだが、この価値は「仮に同日の清算値ですべて反対売買した場合に得られる（あるいは支払う）金額」であって、実現した値洗い損益（OTE）ではな

い。そのため、⑤総資産額にオプションの市場価値を加えた先物口座全体の価値（Account Value at Market）もあくまで参考値にすぎず、⑥必要証拠金額との比較によって⑦マージン過不足額を算出するのは、あくまでもオプションの価値を加減する前の⑤総資産額ということになるのである。

ここまで説明すると、多少なりとも悪知恵の働く人は先物と先物オプションの清算方法の違いを利用することができそうな盲点に気づく。それは、オプションを売ることによってプレミアムを現金で得れば、その金額分の③当日現金残高を増やすことになる一方、肝心のオプションの日々の損益は株式と同じ「含み損益」にすぎないため、先物の④値洗い損益のように現金で清算されることはない。つまり、オプションを売れば売るほど、結果的に⑤総資産額を増加させることができてしまうのである。このトリックを取引所の清算機構はどのように防ぐのか。

その答えは⑥必要証拠金額で、市場参加者がオプションを売って現金収入を得れば、清算機構はその額をほとんどそのままマージンに加算してくることになる。つまり、市場参加者はオプションを売れば売るほどたしかに現金収入を得て⑤総資産額をどこまでも増加させることが可能だが、その分はすべて清算機構が証拠金として吸い上げてしまう。言い換えると、先物と先物オプションの清算方法の相違は（その仕組みの違いが悪用されないように）清算機構が証拠金負担を課すことによって実質的に解消しているのである。もちろん、オプションを買った場合には、プレミアムの支払によって③現金残高が減少した時点で買い手にそれ以上のリスクはなくなるため、証拠金の入金が不要であることはいうまでもない。

このように、オプションを売ることでプレミアムを得ても証拠金としてそのまま清算機構に取り上げられしまうことを理解したXYZ Corporationは、翌9月2日にコーン先物3月限の700コールオプションが値下りしたタイミングで50枚すべて買い戻すことにした。前日の売り値16に対して15（セント／ブッシェル）で買い戻した日のステートメントが図表2.3.13で、その日の「行動」を示すConfirmation欄に、手数料とプレミアムとの合計

図表2.3.13　オプションを買い戻した日のステートメント例

STATEMENT DATE : SEP 2, 2023

XYZ CORPORATION
TOKYO, JAPAN

PAGE 1

* * * * * * * * * CONFIRMATION * * * * * * * * *

THE FOLLOWING TRADES HAVE BEEN MADE THIS DAY FOR YOUR ACCOUNT AND RISK.

TRADE	BUY	SELL	CONTRACT DESCRIPTION	PRICE	CC	DEBIT/CREDIT
9/2/23	50		CALL MAR 24 CBOT CORN 700	15	US	–
			E-CBOT TRADE			
	50*		EX - 2/23/24　COMMISSION		US	83.25 DR
			AVG LONG :　15.00000　FEES		US	75.00 DR
			OPTION PREMIUM		US	37,500.00 DR
			NET PROFIT OR LOSS FROM TRADES		US	37,658.25 DR

* * * * * * * * * OPEN POSITIONS * * * * * * * * *

TRADE	BUY	SELL	CONTRACT DESCRIPTION	PRICE	CC	DEBIT/CREDIT
9/1/23		50	CALL MAR 24 CBOT CORN 700	16	US	35,000.00 DR
9/2/23	50		CALL MAR 24 CBOT CORN 700	15	US	35,000.00
	50*	50*	EX - 2/23/24 CLOSE	14		0.00

37,658.25ドルを支払った旨が記載され、続いて口座の「状況」を示すOpen Positions欄には９月１日の売りと、２日の買いが当然ながらそれぞれの売買価格で記されるのだが、肝心の市場価値は２日の清算値である14セントで反対売買した場合の金額となるため、ショート50枚をすべて買い戻してポジションがゼロとなった今は、オプションの市場価値も（いくらで買い戻していたとしても）ゼロとなる。

オプションを売り建てた翌日に50枚をすべて買い戻した９月２日のステートメントのサマリー欄を示したのが図表2.3.14で、ここでは手数料とプレミアムの支払によって現金が大きく減少したものの、前日からのマージンコールに対する158.25ドルの入金もあわせて、③当日現金残高は2,341.75ドルのプラスを維持している。50枚の買い戻しによってポジションがなくなったため、オプションの市場価値はゼロとなり、当然ながら証拠金も不要となり、現金残高がそのまま口座の⑤総資産額、つまり⑥証拠金ゼロに対する⑦マージン余剰額として、翌日に出金されることになるのである。

さて、続く9月3日には過去2日間にわたって売り買いした50枚のコールオプションをオフセットするのだが、先物のオフセットでは④値洗い損益から③当日現金残高への金額移動が生じていたものの、図表2.3.14に示した9月2日付のステートメントで（もしくは9月1日付でも）④値洗い損益は存在していない。ということは、実は先物オプションにはそもそも襟を正して行うオフセットなどないのである。9月1日に売り建てた50枚のショートを9月2日に買い戻した時点ですべての手数料とプレミアムの現金授受は完了しており、ポジションもなく、よって証拠金も不要。ステートメント上のどの

図表2.3.14　オプションを買い戻した日のステートメントのサマリー欄

STATEMENT DATE : SEP 2, 2023		ステートメント日付
XYZ CORPORATION		口座主社名
TOKYO, JAPAN		住所
SEGREGATED - USD		分離保管口座　米ドル
BEGINNING BALANCE	39,841.75	①前日現金残高
COMMISSION	83.25 DR	清算手数料
FEES	75.00 DR	取引手数料
OPTION PREMIUM	37,500.00 DR	オプションプレミアム
NET PROFIT / LOSS FROM TRADES	0.00	オフセット損益
CASH TRANSFERRED	158.25	②当日入出金額
ENDING BALANCE	2,341.75	③当日現金残高
		＋
OPEN TRADE EQUITY	0.00	④値洗い損益（OTE）
		＝
TOTAL EQUITY	2,341.75	⑤総資産額（TE）
NET MARKET VALUE OF OPTIONS	0.00	オプション市場価値
ACCOUNT VALUE AT MARKET	2,341.75	口座市場価値
INITIAL MARGIN REQUIREMENT	0.00	⑥当初証拠金（IM）
MAINTENANCE MARGIN REQUIREMENT	0.00	維持証拠金（MM）
MARGIN EXCESS / MARGN DEFICIT	2,341.75	⑦マージン過不足額（＝⑤－⑥）

図表2.3.15　オプションをオフセットした日のステートメント例

STATEMENT DATE : SEP 3, 2023

XYZ CORPORATION
TOKYO, JAPAN

PAGE 1

* * * * * * * * * CONFIRMATION * * * * * * * * *

MEMO OPTIONS OFFSETTING INFORMATION

TRADE	BUY	SELL	CONTRACT DESCRIPTION	PRICE	CC	DEBIT/CREDIT
9/1/23		50	CALL MAR 24 CBOT CORN 700	16	US	40,000.00
9/2/23	50		CALL MAR 24 CBOT CORN 700	15	US	37,500.00 DR
	50*	50*	GROSS DEBIT OPTION PREMIUM			37,500.00 DR
			GROSS CREDIT OPTION PREMIUM			40,000.00
			NET MEMO OPTION PREMIUM			2,500.00

図表2.3.16　オプションをオフセットした日のステートメントのサマリー欄

STATEMENT DATE : SEP 3, 2023		ステートメント日付
XYZ CORPORATION		口座主社名
TOKYO, JAPAN		住所
SEGREGATED - USD		分離保管口座　米ドル
BEGINNING BALANCE	2,341.7	①前日現金残高
COMMISSION	0.00	清算手数料
FEES	0.00	取引手数料
OPTION PREMIUM	0.00	オプションプレミアム
NET PROFIT / LOSS FROM TRADES	0.00	オフセット損益
CASH TRANSFERRED	2,341.75 DR	②当日入出金額
ENDING BALANCE	0.00	③当日現金残高 ＋
OPEN TRADE EQUITY	0.00	④値洗い損益（OTE） ॥
TOTAL EQUITY	0.00	⑤総資産額（TE）
NET MARKET VALUE OF OPTIONS	0.00	オプション市場価値
ACCOUNT VALUE AT MARKET	0.00	口座市場価値
INITIAL MARGIN REQUIREMENT	0.00	⑥当初証拠金（IM）
MAINTENANCE MARGIN REQUIREMENT	0.00	維持証拠金（MM）
MARGIN EXCESS / MARGN DEFICIT	0.00	⑦マージン過不足額（＝⑤－⑥）

項目にもいっさいの変化を及ぼすことがないオプションのオフセットは、図表2.3.15に示したように単に「メモ（Memo Options Offsetting Information）」として参考までに記載されるにすぎないのである。

したがって、オフセットした9月3日付のステートメントのサマリー欄にも、図表2.3.16に示したように、前日9月2日に（必要証拠金額の消滅によって）余剰となった2,341.75ドルが出金されて、口座残高がゼロになった以外には何も記載する事項がない。先物オプションのオフセットとは、ステートメントから過去の取引記録を消し去るだけで、その口座内容にいっさいの変化も発生させることのない作業なのである。

コラム 

出来高と取組高――市場流動性と市場規模

米国先物市場において、各商品のマーケットがヘッジ取引の場とするに足るか否かを判断するには、出来高（Volume）と取組高（Open Interest）という二つの物差しを使用することになる。

まず、出来高とは（指定した）一定の期間内に成立した売買数量のことで、その期間にどれほどマーケットが活況を呈していたのか、その度合いを知る目安となる。つまりVolumeとは市場の「流動性」を測る物差しであり、たとえば、同じ1日の出来高が50,000枚（50,000枚の買いと50,000枚の売り）の先物商品と、出来高が500枚の商品とでは、単純に前者のマーケットには後者の100倍の市場流動性があるということもできる。当然ながら出来高の多い前者の市場では、ビッド価格（買い唱え値）とオファー価格（売り唱え値）の差も狭く、それぞれの数量にも厚みがあるため、スリッページ（Slippage）と呼ばれる売買執行時の不可抗力的な「滑り幅」も小さくてすむことになる。一方で、1日の出来高が500枚しかないマーケットにおいてまとまった数量の取引が困難を伴うであろうことは想像にかたくない。仮に、1時間単位の出来高から流動性の高い時間帯を見つけることができたとしても、やはり1日の出来高が一定水準に達しない「薄い」マーケットではヘッジの先物売買は控えたほうが賢明である。

次に、取組高とは（ある一時点における）未決済の建玉総数、つまり反対売買されていない状態の先物契約数のことで、その時点でのマーケットの大きさを知る目安となる。つまり、Open Interestとは市場の「規模」を測る物差しであり、前述の出来高が一定期間を対象とした損益計算書であるとすれば、取組高は時間軸上の1点における貸借対照表のようなものである。米国のコモディティ先物で最も規模の大きい市場はNYMEXのWTI原油で、おおむね取組高1,500千枚。これにCBOTのコーンとNYMEXの天然ガスを加えたトップ3は筆者が記憶している限り昔から変わらず、続くICEの砂糖とCBOTの大豆までがOpen Interestの上位5商品である。

以下、取組高の算出方法とその増減メカニズムについて、簡単な例を用いてみていきたい。

日付	買い手	枚数	新規／仕切り	売り手	枚数	新規／仕切り	取組高	増減
1日目	A社	2	新規買い	B社	2	新規売り	2枚	+2
2日目	C社	10	新規買い	D社	10	新規売り	12枚	+10
3日目	D社	2	買い戻し	A社	2	手仕舞い売り	10枚	−2
4日目	E社	10	新規買い	C社	10	手仕舞い売り	10枚	±0

まだ取組高のない先物市場において、1日目にA社がB社から2枚買った場合、いずれも新規の建玉であることから取組高が2枚発生する。続いて2日目にC社がD社から買った10枚も新規買いと新規売りの組合せのため、取組高は10枚増えて12枚。ところが3日目には、D社が前日の2日目に売り建てた10枚のうち2枚を買い戻し、その買いの相手方となったA社も1日目の買いポジションの手仕舞い売りであったことから、取組高は2枚減少して10枚となる。つまりOpen Interestとは、新規買いと新規売りの組合せでしか増加せず、買い戻しと手仕舞い売りの

組合せによってしか減少しない。４日目のようにＥ社の新規買いとＣ社の手仕舞い売りというコンビネーションでは、取組高は前日の10枚から変わらないのである。

米国のコモディティ先物には、たとえばICEに上場されているコーヒー市場のように取組高こそ200千枚前後と比較的小規模ながら、１日の出来高が50千枚にも達して、計算上は既存ポジションの約25％が１日で入れ替わるというターンオーバーの激しいマーケットも存在する。とはいえ、取組高とはたとえていえば水槽の大きさのようなもので、そのなかで魚が自由に泳ぎ回るためには最低限のサイズが必要であると考えるのが自然。また、先物市場には必ず限月という期限があるため、限月単位での取組高も取引前の事前調査としてだけではなく、実際にポジションをもった後も常に把握しておかなければならない。気がついた時に水槽のなかの水が干上がってしまっていたという事態は、自由に泳げないどころか、魚の生死にもかかわるからである。

4 原価会計主義との辻褄あわせ——日本に歪曲して持ち込まれた米国先物

オフセット前のロングショートという幻想

前項では（後半に述べた先物オプションに限らず、それが先物のポジションであっても）オフセットが先物口座の総資産額には影響を与えない、単なるステートメント上の便宜的な消し込み作業であることを確認した。また、オフセットする先物ポジションは同一商品、同一限月のロングとショートのペアなのだが、一方で米国には「両建て」という概念は存在しない。つまり、ロングした先物を売れば、そのロングが消えるだけで別途ショートが建つというわけではないのである。それでもFCMは口座開設時の顧客の要望に応じて、オフセットするまでステートメント上にロングとショートをそれぞれ残しておくという設定をすることがある。ただし、顧客サービスの一環とはいえ、存在してもいないポジションを金融機関であるFCMがステートメントに記載するという慣習には一見して違和感を覚える人も多いようで、「ステートメントに記載されているのだから」オフセットするまでロングとショートはともに存在しているのではないか、との質問が後を絶たないのも事実である。

図表2.4.1はCBOTのコーン先物を例として、オフセットする前のロングとショートが50枚で見合った状態のステートメントを再現したものである。注目してもらいたいのは限月と日付で、まず、このステートメントは右上部

図表2.4.1　オフセット前のステートメント例

ACCOUNT NUMBER：123-45678
STATEMENT DATE：SEP 1, 2023

XYZ CORPORATION
TOKYO, JAPAN

PAGE 1

* * * * * * * * * CONFIRMATION * * * * * * * * *

TRADE	BUY	SELL	CONTRACT DESCRIPTION	PRICE	CC	DEBIT/CREDIT
10/17/22	10		DEC 22 CBOT CORN	689	US	25,000.00 DR
10/18/22	10		DEC 22 CBOT CORN	683	US	22,000.00 DR
10/19/22	10		DEC 22 CBOT CORN	681	US	21,000.00 DR
10/20/22		2	DEC 22 CBOT CORN	678	US	3,900.00
10/21/22		8	DEC 22 CBOT CORN	683 1/2	US	17,800.00
11/08/22		10	DEC 22 CBOT CORN	675 3/4	US	18,375.00
11/09/22	10		DEC 22 CBOT CORN	667	US	14,000.00 DR
11/10/22		10	DEC 22 CBOT CORN	664 1/2	US	12,750.00
11/11/22	3		DEC 22 CBOT CORN	653 3/4	US	2,212.50 DR
11/17/22	7		DEC 22 CBOT CORN	665	US	9,100.00 DR
11/22/22		10	DEC 22 CBOT CORN	659 1/2	US	10,250.00
11/23/22		10	DEC 22 CBOT CORN	657 3/4	US	9,375.00
	50*	50*	LTD - 12/14/22 CLOSE	639		20,862.50 DR
			AVG LONG：676.32500			
			AVG SHORT：667.98000			

にあるように2023年９月１日に発行されたものと仮定しており、各ポジションは左側に記載されたとおり、2022年10月17日から11月23日にかけてトレードされたものとした。１年近くも前にトレードされたポジションがステートメントに残っていること自体にはなんの不思議もないのだが、よくみるとすべてこれらは2022年12月限のコーン先物で、下のほうに「LTD-12/14/22」とあるように、８カ月半も前にLTD（Last Trading Day―最終取引日）を迎えてすでに「限月落ち」したポジションなのである。それでも口座主のXYZ Corporationから指示を受けてオフセットするまで、FCMがロング50枚、ショート50枚としてこれらを2023年９月１日以降もステートメント上に記載し続けることは可能で、現実の世界でも遥か以前に限月落ちしたポジションが、ステートメントに残っているケースをよく目にする。

そこで、2022年12月14日にすでに納会しているCBOTコーン先物12月限のロングとショートが、たとえ2023年９月１日付のステートメントに残っていたとしても、もはやそのポジションは存在していないのだという事実を、以下、三つの切り口から証明しておきたい。

まず一つ目として、12月限の取組高（Open Interest）が残っていないこと。取組高の概念と算出方法についてはコラム⑧「出来高と取組高――市場流動性と市場規模」で述べたが、すべてのロングが手仕舞われ、すべてのショートが買い戻されてはじめて取組高はゼロになる。言い換えると、もしまだポジションが実在しているのであれば、取組高に数字として表れているはずである。各限月の取組高はその先物を上場している取引所のウェブサイトから確認することができる。二つ目の切り口は本章の２で取り上げた証拠金で、もし仮にポジションが存在するのであれば、その価格変動リスクに応じたマージンの入金が求められるはずで、図表2.4.1のコーン先物12月限に対して必要証拠金が発生していないのであれば、そこにはロングもショートもない。そして三つ目はコーン先物12月限の受渡し期間が、最終取引日である2022年12月14日の２、３日後に終了しているにもかかわらず、この先物口座では原資産であるコーン現物の受渡しが行われていないという点である。

11月23日に10枚の売りが657 3/4で成立した時点でこの先物口座の12月限コーンのポジションは完全に解消されており、その後に清算機構から受渡し通知を受けるリスクはなかったのである（コラム⑦「初回受渡し通知日（FND）」参照）。

もしそれでも納得できない場合には、ロング50枚とショート50枚をそれぞれ別々のFCMにある先物口座へトランスファーしようと試みてみるといいかもしれない。仮にXYZ CorporationがこのFCM以外にもFCM甲社とFCM乙社に自社名義の米国先物口座をもっていたとして、図表2.4.1のステートメントが発行された2023年９月１日に、2022年12月限のコーン先物50枚のロングをFCM甲社の、50枚のショートをFCM乙社のXYZ Corporation先物口座へ移管したい旨をこのFCMに申し出たとしたらどうか。前述したような詳しい説明や証明は得られないであろうが、「いいえ、できません」という明確な否定回答だけは得られるはずである。

フューチャーズには存在しない「含み損益」

誤解を生まないよう、オフセットについてあらためて付け加えておくと、米国でOffsetといえば通常は、ロングポジションをもっている状態でそれを売ること、あるいはショートポジションをもっている時にそれを買うこと、つまり反対売買の意味であり、それは反対売買すれば自動的にロングとショートが相殺されるという前提で使われる言葉である。ではなぜステートメント上のポジションを（口座主の指示を待ったうえで）消し込むという「和風オフセット」が必要なのか。端的にいえば、原価主義会計における「含み損益」をつくりあげたいからである。

たとえば、図表2.4.1の2022年12月限コーン先物には20,862.50ドルの値洗い損失が記載されている。本章の３でみてきたように、これは総資産額の一要素である値洗い損益額に含まれており、それが50枚のロングとショートをオフセットすることで、もう一つの要素である当日現金残高へと移るのだが、いずれにせよ日々のMark-to-Marketとマージン過不足額の入出金によって（最後の10枚を売った）2022年11月23日の翌営業日には現金ですべて清算ずみとなった実現損失である。ところが、この20,862.50ドルを、ステートメント上ではまだオフセットしていないという理由をつけて、どうしても「含み損失」に仕立てあげたかったようで、たとえ本来の米国先物が毎日の損益清算によって清算値で再建玉されていく仕組みであったとしても、図表2.4.1のように、取得日と取得価格と値洗い損益とがFCM発行のステートメントにもあることから、取得原価主義会計と辻褄をあわせることが可能になると考えたようである。

一方で、第1章の2で述べたとおり、先物取引（フューチャーズ）に「含み損益」は存在しないどころか、「含み損益」そのものをなくすために生まれた革命的な仕組みこそが先物取引であるという根本的な事実を考えると、それを原価主義会計の仕組みへ強引に当てはめることで生じる自己矛盾は著しく、結果的に至る所で綻びが生じてしまうのも無理はない。その綻びの一つが、すでに存在しないポジションがステートメントに残るという奇妙な現象なのである。

さらに、綻びがそれだけですむはずはなく、今度はステートメントに残ったオフセット前の値洗い損失が実現前の「含み損」なのであれば、日々の清算過程ですでに支払った20,862.50ドルの現金支出はなんなのか、という話になる。実現してからはじめて支払えばいいのではないのか、との指摘に対する答えに窮した結果、「日々の支払は証拠金の預託である」ということにしてしまった。たしかに、マージンコールに応じてFCMへ送金するのがマージン（証拠金）という預託金であるといえば、知らない人の耳には正しいことのようにも聞こえなくもない。

ところが、そうすると次に「支払った現金が証拠金の預託なのであれば、最終的には全額戻ってくるものと理解していいのか」「またその金額はステートメントのどこに記載されているのか」と、きわめて当然の確認質問が続くことになり、二つ目の質問に対する答えこそ、ステートメントにある必要証拠金額（Initial Margin Requirement＝Maintenance Margin Requirement）

なのだが、図表2.3.10でみてきたとおり、その金額はXYZ Corporationの現金勘定の残高とも、先物口座の当日現金残高ともまったく連動しない。ましてや、損失の清算として支払った現金は（同じ金額の利益をあらためて獲得しない限り）最終的に戻ってくるはずもないのである。

このように米国先物取引には（おそらく日本へ持ち込まれた当初から）原価主義会計との辻褄をあわせるべく歪曲されてしまった形跡が多くあり、その際に生じた綻びや矛盾は根深い。江戸末期から明治にかけて日本へ持ち込まれた英語にカタカナを当てはめたように、一度和風にアレンジされてしまった外国文化は、もはや容易にはオリジナルの姿へ復元して学び直せるものではなく、昭和の時代に一度歪めて解釈してしまった米国先物を、今になってフューチャーズ本来の姿として理解し直すのは容易ではないが、本書がその一助となれば幸いである。

ヘッジ会計手法の相違が示唆する日米の乖離

米国先物取引をヘッジ目的で利用した場合、ヘッジ対象（保有する資産、リスクにさらされているポジション、およびそれらに係るキャッシュフローなど）と、ヘッジ手段（ヘッジ対象のリスクをヘッジする先物などのデリバティブ取引）それぞれの損益認識のタイミングをいかにしてそろえるかが課題となる。両者の損益を同一の会計期間に認識することによって、たとえば、保有資産の価格変動から生じた損益を、ヘッジ手段として利用した先物取引の損益によって相殺する、というヘッジ取引の効果を適切に会計に反映させようとするのが「ヘッジ会計」である。

米国会計基準では、ヘッジ取引は①Fair Value Hedge（公正価値ヘッジ）と②Cash Flow Hedge（キャッシュフローヘッジ）の二つに分類されており、①は保有する資産、あるいは負債の公正価値をヘッジする取引で、ヘッジ会計ではその（ヘッジ）対象と手段の損益認識をともに期末のたびに行う。一方、②は保有する資産、負債からの発生が見込まれるキャッシュフロー（貿易決済、配当等々）をヘッジする取引で、ヘッジ会計ではその（ヘッジ）目的が完了したと認識される時点まで、損益を貸借対照表上で認識しておくことになる。

図表2.4.2は、保有資産の価格変動リスクを先物でヘッジした場合、つまり①Fair Value Hedgeを行った場合に生じうる損益発生の時差と、それをそろえるべくヘッジ会計を適用した場合の損益認識のタイミングの一致を示したものである。このように、期末のたびにヘッジ対象とヘッジ手段の損益を認識するいわゆる「時価ヘッジ」と呼ばれるヘッジ会計手法は、米国では①Fair Value Hedge取引において広く使われるものだが、一方で、日本会計基準では例外的に「その他有価証券」にのみ適用が認められているにすぎない。

それでは、日本基準のヘッジ会計ではどのようにして損益認識のタイミングをそろえるのかというと、図表2.4.3に示したように、ヘッジ対象の損益

図表2.4.2　米国Fair Value Hedge取引の「時価ヘッジ」会計

	1期	2期
ヘッジ対象（保有資産）		利益
ヘッジ手段（先物取引）	損失	

時価ヘッジ会計

	1期	2期
ヘッジ対象（保有資産）	利益	利益
ヘッジ手段（先物取引）	損失	

損益認識

が認識されるまで、つまりヘッジの目的が完了する時点まで、ヘッジ手段である先物取引の損益認識をも繰り延べることになるのである。これが日本で原則的に行われる「繰延ヘッジ」と呼ばれるヘッジ会計手法で、図表2.4.2で示した米国基準の時価ヘッジと、日本基準の繰延ヘッジが示す真逆のベクトルからも、いかに両国の会計制度の根底にある考え方の相違が大きいかが見て取れる。

なお、日本基準で原則（ヘッジ取引の種類①、②の別にかかわらず）使われる繰延ヘッジは、先に発生した先物などのヘッジ手段による損益を「繰延ヘッジ損益」という貸借対照表の資産・負債項目へ一時避難させておき、ヘッジ対象の損益を認識する時にそれを損益計算書へ戻すという処理を行う。つまり、ヘッジ目的が完了したタイミングで損益認識するまでその損益

図表2.4.3　日本基準で原則的な「繰延ヘッジ」

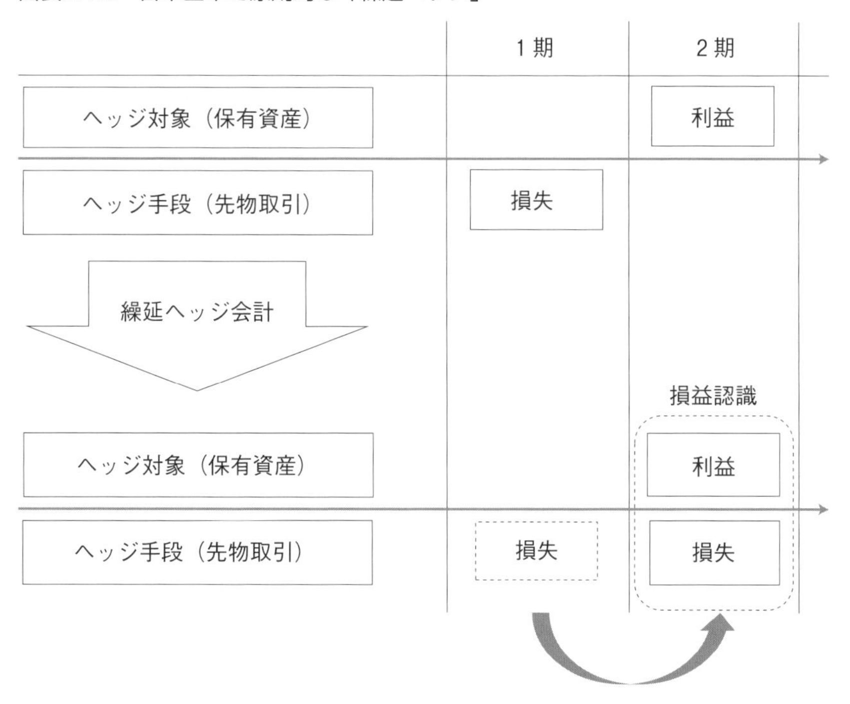

を貸借対象表上で計上しておくという点では、米国基準で②Cash Flow Hedgeに用いられるヘッジ会計処理に近いようにもみえるが、米国基準では貸借対照表の資産・負債項目ではなく、株主資本の部に、ヘッジ手段として用いた先物などデリバティブ取引の評価損益が計上されるという点で大きく異なっている。

具体的には、まず損益計算書の後に包括利益計算書（Statement of Comprehensive Income）をつくり、そこでヘッジ手段としての先物などデリバティブ取引の（当期にヘッジ効果があった部分の）評価損益を「その他の包括利益（Other Comprehensive Income—OCI）」として、当期純利益に加えることで「当期包括利益」（＝当期純利益＋その他の包括利益）を計算する。一方で、ヘッジ手段の先物などデリバティブ評価損益である当期のOCIは、貸借対照表の純資産の部において株主資本とともに自己資本を構成する「その他の包括利益累計額（Accumulated Other Comprehensive Income—AOCI）」へと計上されて、ヘッジ対象の損益が認識されるタイミングで損益計算書へと戻されるのを待つことになるのである。

このような米国基準の②Cash Flow Hedgeに係るヘッジ会計処理と、日本の繰延ヘッジとを比較すると、たとえばヘッジ手段である先物取引で評価損を計上する場合、米国基準では貸借対照表の自己資本が減少するのに対し、日本基準では負債が増加することになり、自己資本比率やROE（自己資本利益率）などの財務指標に、日米のヘッジ会計処理の相違が少なからず影響を及ぼすことになる。特に、米国基準のCash Flow Hedgeでヘッジ手段として用いた先物取引などのデリバティブ評価損が自己資本を大幅に圧縮するような事態では、自己資本比率を条件とした金融機関からの借入れにまで影響を及ぼす可能性が出てくるのである。

もちろん、日本でも国際会計基準であるIFRS（International Financial Reporting Standards）を採用している企業では、日本基準のような原則「繰延」、例外的に「時価」というヘッジ会計ではなく、米国会計基準（GAAP—Generally Accepted Accounting Principles）における①Fair Value Hedgeと

②Cash Flow Hedgeに対応したヘッジ会計処理を行っているはずだが、特に後者に関しては前述したとおり、日本基準の繰延ヘッジとの相違点によく注意しておきたい。

第3章

米国先物市場に係る法とレギュレーションの仕組みおよびそのリスク管理

1 高度に規制された米国先物市場 ——法とルールのポイントとは

CFTCの使命と米国先物規制の基本的な構造

本書を執筆することになった一つの大きなきっかけが、1970年代以来となる昨今のインフレにあることは「著者まえがき」でも述べた。当時の1973～74年と1979年の二度にわたる石油危機に代表される原材料コモディティ価格の上昇局面では、あまり知られていない二つの（本書にとって）重要な出来事が起きている。一つは、1977年に米国で穀物メジャーの一角を占めていたクック・インダストリーズ（Cook Industries）という会社が倒産したことで、その要因は同社がショートした（売り建てた）大豆の一方的な価格上昇にあったのだが、実はこの時に大豆を買い占めたのがハント兄弟であった。第2章の2において、1983年の映画「Trading Places」（邦題「大逆転」）が1979～80年に実際に起きたハント兄弟による銀の買占め事件をモデルにしたものと思われると述べたが、銀買占めの末に破産することになるテキサスのハント兄弟が、その数年前の1977年に大豆を買い占めて穀物メジャーのクックを倒産へ追い込んでいたという事実はあまり知られていない。その史実がなぜ重要なのかというと、倒産する過程でクック・インダストリーズは保有資産の売却を余儀なくされ、穀物の集荷施設であるカントリーエレベーターや輸出エレベーターを次々に手放さざるをえなかったのだが、それらの買い手には日本の大手商社も何社か含まれており、結果的にはこの事件が米国穀物市場への日本企業進出の起点になったともいえるからである。

そして二つ目の重要な出来事が、二度の石油危機の狭間である1975年に米国で独立政府機関のCFTC（Commodity Futures Trading Commission—商品先物取引委員会）が設立されたことである。

日本の企業文化には「レギュラトリーリスク（Regulatory Risk）」という

概念が（欧米企業と比較して）希薄であるように感じることが多い。たとえば、米国先物市場の話を始めると、日本企業から最初に出てくるのは、決まって本章の2で後述するような預託資産保全の仕組みについての質問である。リスクマネジメントを司る部署はほとんどの日本の大企業に存在するのだが、そこで語られるリスクとは伝統的に「与信リスク」という①カウンターパーティーリスクの一部であることが多く、取引先の財務諸表を分析することによって債権回収のリスクを見極めるというのが、日本のいわゆるRM（Risk Management）部の本業であった。米国先物市場を利用したヘッジを考えるのであれば、本来真っ先に出てきて然るべき質問は②マーケットリスク（あるいは市場価格リスク）に関したものであるはずなのだが、ここはいまだ自由競争市場とはやや異なる枠組みにある日本の企業が得意とする分野ではない。さらに苦手なのが③レギュラトリーリスク（規制に関するリスク）で、これに至っては認識さえされていないことが多い。本章の3であらためて最近の違反事例なども紹介するが、潜在的に損なう金額をリスクの大小とすれば、明らかに①＜②＜③であることを強調しておきたい。法治国家である米国において、商品先物市場は「高度に規制された市場（Highly-Regulated Market）」であるといわれる。その法と規制とルールを知らないまま市場に参加して取引を行うのは無免許運転と同じであり、潜在的に支払うことになる代償は果てしなく大きい。

CFTCのミッションステートメントによると、同委員会の使命は「堅固なレギュレーションによって、米国のデリバティブ市場の①完全性、②弾力性、および③活性（Integrity, Resilience, and Vibrancy）を促進すること」であるとうたわれている。ただし、前述したようなCFTC設立当時の記録的なインフレ、仕手筋による買占めや、相次ぐ倒産などといった時代的な背景をふまえて三つのミッションを意訳するとすれば、①完全性＝先物市場における価格発見機能の完全な保持、②弾力性＝買占め等の市場操作に対する耐性の確立、および③活性＝産業としての米国先物市場の発展と国際競争力の維持、というのが本音であると言い換えることができそうである。ここであえてCFTCの使命を噛み砕こうとしている理由は、そもそも定められるすべての法律にはそれぞれのねらいがあるものと信じているからであり、日進月歩する膨大な量の条文を頭から記憶しようとするよりも、こと米国の先物レギュレーションに関していえば、CFTCが標榜する三つの使命を阻害するような行為に対しては必ず規制や罰則が用意されているはずである、という前提に立って理解に努めたほうが、的を射たアプローチになると思われるからである。

これは逆の言い方をすると、CFTCの使命やレギュレーションそのもののねらいをある程度理解したうえで考えなければ、米国先物口座の管理者として的外れに時間と労力を浪費してしまう危険があるということでもある。たとえば、日本の方々からの問合せのなかには「この当社のヘッジ目的の先物ポジションが投機的であるとCFTCから指摘されてしまうリスクについて知りたい」という旨の質問が定期的に登場する。レギュラトリーリスクを認識しているという点では素晴らしい姿勢なのだが、その質問自体は的を射ていない。まず、同社のヘッジ目的の先物ポジションが①完全性、つまり先物市場における価格発見機能の完全な保持、を阻害するものか否か。市場の価格発見機能が損なわれる可能性があるのは売買を執行する時点であり、第1章の4で述べた市場外の相対取引を違法に利用するなどの売買ルール違反さえなければ、建てられたポジションそのものが①を損なう余地はほとんどない。次にそのポジションが市場の②柔軟性、つまり買占め等による市場価格操作の防止、およびその企てに対する耐性維持、を脅かすものであるか否か。それはCFTCが定めているポジションリミット（制限数量）に抵触しているかどうかで白黒がはっきり判断できるものであり、ポジション制限数量さえ守っていれば、それがヘッジであろうが投機であろうがかまわない。第1章の1で述べたとおり、投機は先物市場の流動性維持にとって必要不可欠な要素であり、ハント兄弟のような買占めによる価格操作に至らないようCFTCは各市場参加者が保有するポジションに対して後述の数量制限を設けてはいるが、その範囲内でさえあればいかなる種類の売買もポジションも、

③活性、つまり産業としての米国先物市場の発展と国際競争力の維持、に寄与するものとして大歓迎されるはずである。したがって、この問合せは質問者の国や家庭における投機への「道徳観」をベースにした疑念でしかなく、同社の先物ポジションが一定の数量を超えない限りは、それがヘッジ目的であるのか投機であるのかなど、そもそもCFTCが意に介す問題ではないのである。

米国先物市場に係るレギュラトリーリスクはすべての市場参加者にとってきわめて重要な問題であり、その認識と管理には、まずCFTCが掲げるミッションから規制そのものの本質的なねらいを理解したうえで取り掛かるべきである、というのが前述の主旨である。一方、似通って使われる言葉を先に定義しておくと、米国で先物市場を司る「法」はCommodity Exchange Act（CEA—商品取引所法）であり、この1936年に制定された法の遵守を確保するとともに「レギュレーション（規制）」を定める権限を与えられているのが1975年に設立されたCFTCである。このCEAとCFTC Regulationsまでが連邦に係る「法規制」ということになり、これらに基づいて（民間企業である）各取引所が「ルール（Exchange Rules）」を決めているというのが、基本的な3段構造なのである。

またCFTCという公的機関を、日本でいうところの監督官庁であるとはとらえないほうが無難である。商品取引所「法」の番人として与えられている「規制」の権限は強大で、法を執行する機関（Law Enforcement）という意味では警察権ももっており、発信された通達はそのまま連邦の「法規制」であるという解釈になるので、決して逆らってはならない相手であることを十分に自覚しておきたい（コラム⑨参照）。

コラム 9

CFTCでのデポジション（証言録取）の記憶

日本ではなじみの薄い言葉かもしれないが、映画やドラマシリーズの一場面でよく目にするように、米国の民事訴訟では、公判前に法廷外で当事者や第三者を宣誓させたうえで尋問し、その証言を録取するというプロセスを踏むことが多い。これをデポジション（Deposition）と呼び、日本語では「証言録取」と翻訳されるのだが、かれこれ10年以上も前にCFTCでこのデポジションを受けたことがある。何か罪を犯したわけではなく、当時の雇用主がCFTCから調査を受けた際に、自発的なデポジションによって誠意を見せるのが得策であるとの弁護士のアドバイスに従ったものらしく、その際に何も知らない一般従業員を送り込んで藪蛇になるよりは、多少なりとも米国先物を知っている者のほうが役に立つであろうとの判断で雇用主から依頼され、顧問弁護士と２人でニューヨーク市内にあるCFTCの東部地区事務所へと足を運んだのである。もちろんCFTCの本部は首都ワシントンDCにあるのだが、CFTCはそのほかにも南西部地区ではカンザスシティーに、中部地区ではシカゴ市内で取引所（CME）の目と鼻の先に、そして東部地区ではマンハッタン南部のウォール街の少し北、9.11で倒壊するまで各商品取引所が集約されていた旧ワールドトレードセンターの向かい側のブロードウェイ沿いにオフィスを構えている。

右手を上げて宣誓をしたのは人生において２度目だったが、この時の宣誓は、もし虚偽の発言をしてしまったら罪に問われるという意味で非常に重く、実際にCFTC側の弁護士２名も、おおよそ本題とは関係のないトピックを織り交ぜつつ、手を変え、品を変え、何かと言葉尻からこちらの揚げ足をとろうと、実に３時間あまりにもわたって執拗にいろいろな質問を繰り出してきた。今思い出しても幸運であったのは、当方の顧問弁護士が米国でもトップクラスの弁護士事務所のパートナーで、明らかにCFTC側の弁護士２人よりも格が上であったことで、罠を仕掛けたような質問が出てくると、こちらが口を開く前に「オブジェクション！」を間髪入れずに挟み込み、部屋の隅でタイプライターを叩いている速記者へも質問記録を削除するよう指示を入れた。また、相手の挑発に乗ってこちらの発言が感情的になると、すかさずRecess（休廷）を申し入れ、別室へ連れ出して落ち着かせようとしてくれるといった具合で、まるでボクサーに付き添う熟練のセコンドのような弁護士であった。

一方、先方の弁護士は連邦政府機関である商品先取引委員会の名前を背負っているわけで、当然ながら先物分野のエキスパートであろうと当方は思い込んでいたのだが、質問の内容が先物ポジションを縮小させていく際の手順へ及んだ際に、こちらがFirst Notice Day（コラム⑦「初回受渡し通知日（FND)」参照）に言及したところ、「それは何だ？」という質問を受けたのである。最初は筆者の英語の発音が悪かったのだろうと思って繰り返してみたのだが、どうも伝わった気配がないので顧問弁護士をみると、こちらの困惑を察してすぐに休廷を申し入れてくれた。別室で顧問弁護士と2人きりになったところで、そもそもFirst Notice Dayさえ知らない先方の弁護士2人が今までのこちらの説明をまともに理解できていたとは到底思えない、と不満を伝えると、熟練セコンドはこう言ったのである。「たしかに今日の2人の弁護士はフューチャーズの知識をほとんど持ち合わせていない。ただし、それでも今の彼らには国家権力がある」と。

米国では公的機関で働くのと民間企業で働くのとでは報酬の桁がまったく違うため、たとえば、CFTCに属している弁護士たちも、しばらくするとその経験を「売り」に大手の弁護士事務所へ（できればパートナーとして）転職したいと考えている可能性が高く、こちらの顧問弁護士もおそらくそうした職歴をたどって今の立場へと至ったのであろう。つまり、デポジションする側の弁護士もされる側の弁護士も、実は一つの大きな同じコミュニティーに属しているようなもので、そこで受け継がれている暗黙の慣習や、お互いの立場の尊重の仕方や機微などは、とても「よそ者」が容易に理解できるものではない。だからこそ「元CFTC」の職歴が価値をもってくるのであろうし、現実問題として、その経験をもたない弁護士では顧客側も安心して事案を任せられないと感じてしまう独特の社会でもある。とりわけ、当時のケースのように十分な先物知識のない弁護士が当局の名のもとに権力をもってしまっている場合などでは、こちらの代理人の格と手腕次第でその後の展開が大きく変わる可能性もあり、訴訟社会米国の怖さを垣間みた感じがした。

価格発見機能の阻害とみなされる違反行為

それではまず、CFTCが標榜する三つの使命の一つである市場の①Integrity（完全性）の維持、を阻害する行為、言い換えると、先物市場の価格発見機能を脅かす違反行為からみていくことにする。米国の先物市場では競争原理の働いたオープン市場で売買することが公正な価格発見機能の大前提であるとして、市場外における事前の売買アレンジや個別の価格交渉等が原則として固く禁じられていることは、第１章の２でも述べたとおりで、現在この原則に対する例外として認められているのは、同章の４において詳細したEFP（Exchange for Physical）に代表されるEFRP（Exchange for Related Positions）、ブロック取引、およびFCM間で行われる（同一所有者による）ポジションのトランスファー（移管）という三つの市場外取引に限られている。

禁じられている事前の売買アレンジ（Pre-Arranged Trade）や個別の価格交渉（Pre-Negotiated Trade）とは、先物取引の売り手と買い手が競争市場の外で数量、あるいは価格に関して事前交渉・合意することを指し、これに抵触したか否かの判断は、⑴売り手と買い手の売買に係るリスクの欠如、⑵市場価格の変動から受ける影響の欠如、および⑶他の市場参加者が当該売買に参加しうる機会の欠如、が基準になる。たとえば、Ａ社がブローカーＸ社に買い注文を出す際に（事前に交渉・合意したＢ社が起用する）ブローカーＹ社から（Ａ社に必要な数量と価格の）売り注文が出てくる旨をＸ社に示唆して、Ｘ社とＹ社間（つまりＡ社とＢ社間）での売買を成立させた場合、⑴と⑵と

⑶はすべて満たされ、明らかな違法行為となる。

また、Wash Trade（ウォッシュトレード）もCFTCがFictitious Trade（仮装売買）とみなしている代表的な違法行為の一つであり、単一の所有者や受益者が売り手と買い手の両方になる取引のことを指す。たとえば、ある市場参加者のヘッジ目的による先物売りと、ヘッジ目的による先物買いとが（社内において）商品、数量、限月で一致したとしても、それぞれの先物注文は市場価格競争にさらさねばならず、自らの売りに対する買い手になること（つまり自らの買いに対する売り手になること）は原則としてできない。ここであえて「原則として」としたのは、現実的に一定規模以上の企業になると、先物市場で売買を執行する部署や子会社やトレーダーが複数に及び、それぞれ独立した判断と意図のもとで出された先物注文同士が偶然ぶつかって、同一企業の売りと買いとが取引を成立させてしまうケースも十分にありうるからである。このようにウォッシュトレードを行うIntent（故意）が明らかにない場合には、単なるCross Trade（クロストレード）として違法行為にはならないのだが、無実の証明のために費やさなければならなくなる労力を考えると、あらかじめ社内での売りと買いとが交錯するリスクを組織的に回避する手段を講じておくのが賢明であろう。

さらに、2008年の米国における金融危機を受けて2010年に成立したドッド・フランク法（Dodd-Frank Wall Street Reform and Consumer Protection Act）の一部として、商品取引所法（CEA）の規定改正というかたちでDisruptive Trading（妨害取引）が連邦法で禁じられた。なかでも日々の先物取引時間が終了する間際のClosing Period（取引所が清算値の決定にその価格を用いる時間帯）にマーケットの価格形成秩序を実質的に破壊してしまうような大量の取引を発注、あるいは執行することはBanging the Close（終値関与）という違法行為で、これは仮にIntentional（故意）な行動でなかったとしても、秩序ある売買取引に対するReckless Disregard（認識ある過失、無謀な無視）とみなされれば罪に問われることになる。たとえば、市場の流動性を遥かに上回る規模の売り注文を取引終了の30秒前に成り行きで発注した場合、当該先物価格が急落して清算値が低くなるのは当然の結果であり、仮に発注者にその故意がなかったとしても、常識的に考えてその売り注文がもたらすことになる結果を当人が予想できなかったとはにわかには信じがたい、と判断されれば違法行為となる。このRecklessness（無謀さ）という心理状態は法的な証明が容易とされており、ドッド・フランク法によって新たに取り入れられたものであるという。

同じくドッド・フランク法によって新たに定義、禁止された妨害取引の一つがSpoofing（スプーフィング）、いわゆる「見せ玉」と呼ばれる注文で、当初から成立する前にキャンセルするつもりでビッドやオファーを市場に出すことを指す。たとえば、NYMEXのWTI原油先物市場で電子取引画面が活発限月の価格を76.50ビッド150枚／76.55オファー100枚と示していたとする。この時にトレーダーAは76.60、つまり現在のオファーよりも高い価格でたとえば20枚の売り注文を出し、それと同時に76.45で4,000枚、76.40で5,000枚の買い注文を出した。電子取引画面をみていた市場参加者の多くは、現在の価格のすぐ下に巨大な数量の買い注文が出現したことを知り、これらのビッドがあがってくる前に自らの買い注文を執行すべく76.55オファーへと次々に買いを進め、結果的に価格上昇によってトレーダーAもねらいどおり76.60で20枚を売ることができた。目的を達成したトレーダーAは、当初から買う意思もなく76.45と76.40に「見せ玉」として出していた4,000枚と5,000枚の買い注文をキャンセルする、という具合である。

このようなスプーフィングは、現実の世界ではHigh Frequency Trading（HFT―高頻度取引）と呼ばれるミリ秒単位のアルゴリズム取引で行われ、2010年5月に米国株式市場で起きた瞬間的な価格暴落、いわゆるFlash Crush（フラッシュクラッシュ）においてもCMEのE-mini S&P 500株価指数先物市場におけるスプーフィングの事実が後年になって明らかになった。このような背景もあってCFTCによるスプーフィングに対するスタンスは厳しく、誤った市場の深さ（Market Depth）の演出、人為的な価格変動の創出、取引所の価格システムへの過負荷、他者の売買執行を遅延させる行為、などもすべてスプーフィングであるとして専門のタスクフォースが日々の取り締まりにあたっている。また、CMEやICEなどの主要な先物取引所もスプーフィングを禁じる独自のルールを設け、摘発した違反者に対しては厳しい罰則を科しているが、本章の3でも述べるように、それでもスプーフィングの事例はなかなか後を絶たないのが現状である。

以上のように、CFTCが掲げる三つのミッションのうちの一つである①市場の完全性維持、を阻害する行為、つまり先物市場の価格発見機能を脅かす行為として、連邦法とCFTCレギュレーション、および取引所ルールは、さまざまな取引上の行為を具体的に禁止しているが、市場価格は実際の売買行動だけによって操作されるものではなく、時としてマーケットに流れた情報によっても大きく影響を受けることになる。したがってCFTCや各取引所は、詐欺などによる明らかな価格操作はもちろんのこと、誤解を招くようなレポートや、虚偽のマーケット情報の意図的な発信、インサイダー取引などの市場操作（Market Manipulation）に対しても規制を強化しており、市場参加者はEメールやトレーダー間のチャット画面においてさえも、自らが発信するメッセージがマーケット価格に影響を与えることのないよう細心の注意を払う必要がある。

コラム 10

CFTC建玉明細の仕組みと変遷

CFTC設立当初からの使命の一つは、第3章の1でも述べたとおり、買占め等によって一部の市場参加者が先物価格を操作するような事態を未然に防止することであった。そこで、Reportable Position Levelsと呼ばれる（上場商品ごとに定められた）一定数量に達したポジションを保有している顧客口座の情報を清算FCMから各取引所へ日々報告させるという方法を採用したため、米国先物市場に存在するすべてのポジションは、この報告対象となったレポータブル（Reportable）という大口参加者が保有するものと、非報告対象（Nonreportable）の小口参加者が保有するものとに分けて考えられるようになり、CFTCは前者のレポータブルが商業筋（Commercial）によるヘッジ目的のポジションなのか、あるいは非商業筋（Non-Commercial）による投機目的のそれなのかを集計したうえで、1986年から各先物市場の建玉明細をCommitments of Traders (COT) Report（コミットメンツ・オブ・トレーダーズ・レポート）として発表するようになった。表の①Legacy（レガシー）と呼ばれる従来型レポートがこれで、大口投機筋の象徴であるファンドが市場価格への影響力を増していくなかで、COTレポートはマーケットの「手口」を探る重要な手掛かりとして注目されていくことになるのである。

<table>
<tr><td colspan="2">COT（建玉明細）
レポートの種類</td><td colspan="6">Reportable
（レポータブル水準へ達したことでFCMからCFTCへの報告対象となった顧客ポジション）</td><td>Nonreportable
（非報告対象）</td></tr>
<tr><td>①</td><td>Legacy
（1986年－）
従来型レポート</td><td colspan="3">Commercial
（商業筋）</td><td colspan="3">Non-Commercial
（非商業筋）</td><td>Nonreportable
（非報告対象）</td></tr>
<tr><td>②</td><td>Supplemental
（2006年－）
補足版レポート</td><td colspan="2">Commercial
（商業筋）</td><td colspan="2">Index Trader
（指数トレーダー）</td><td colspan="2">Non-Commercial
（非商業筋）</td><td>Nonreportable
（非報告対象）</td></tr>
<tr><td>③</td><td>Disaggregated
（2009年－）
分解型レポート</td><td>Producer
（生産者）
Merchant
（当業者）
Processor
（加工業者）
User（ユーザー）</td><td colspan="2">Swap Dealers
（スワップディーラー）</td><td colspan="2">Managed Money
（マネージドマネー）</td><td>Other Reportables
（その他のレポータブル）</td><td>Nonreportable
（非報告対象）</td></tr>
</table>

その後、2000年代に入ると、原油価格が1バレル当り100ドルを目指して一方的に上昇するなかで、コモディティも一つのアセットクラス、投資対象として認識されるようになり、株式市場におけるミューチュアルファンドのように、複数のコモディティ市場への分散投資によって（インフレヘッジを兼ねた）安定利回りを追求する指数（インデックス）ファンドが登場した。ところが、この指数ファンドが果たして①の従来型レポートにおける商業筋に当たるのか、あるいは非商業筋に分類されるべきなのかが（おそらくいまだに）明確ではなく、結局2006年にCFTC

はレポータブルを分類する項目にIndex Trader（指数トレーダー）という新しいカテゴリーを加えた②Supplemental（サプリメンタル）、つまり補足版レポートを集計・公表し始めたのである。

ところが、それからわずか数年後の2008年にはサブプライム住宅ローンのデフォルトに端を発した金融危機が勃発し、それまで表に出てくることのなかった相対取引が金融システム全体を崩壊の危機にさらす可能性があるとの懸念から、CFTCは先物取引のOTC版ともいえる（第1章の2で述べた）スワップ取引に対する監視を強化する。後に成立したドッド・フランク法のもとでスワップに対する本格的な規制が導入されるのに先立って、CFTCは2009年にCOTレポートにおけるレポータブルポジションの分類方法を再度見直し、表中の③Disaggregated（ディスアグリゲイティッド）という分解型レポートを追加で公表し始めたのである。

このように、時代の流れを反映して米国先物市場における参加者の顔ぶれがさまざまに変化していくなか、CFTCが毎週火曜日終了時点のポジションを集計し、その週の金曜日の東部時間午後3時半に公表しているCOTレポートも、現在では①、②、③の3種類にまで増え、さらに、それぞれに先物のみのレポートとオプションを含むレポートの2種類が存在するため、一つの先物市場におけるポジション構成の明細は、実に計6種類ものレポートによって示されることになった。そのすべてを分析するのは容易ではないが、少なくとも③分解型レポートにおけるManaged Money、つまり「運用されている資金」のカテゴリーは、包括的に「ファンド」のポジションとして毎回マーケットの注目を集めている。一方、第2章の3で言及したように、2023年2月に欧米で40社を超える金融機関にステートメント作成のソフトウェアを提供している英国企業がサイバー攻撃に遭ったことで、数週間にわたって複数の米国FCMによる（顧客へのステートメント配信と）CFTC当局へのポジション報告が滞るという事態が生じたため、COTレポートの集計・発表も1カ月あまり遅れる結果となり、これを売買判断の材料としている市場参加者の間に大きな混乱がもたらされたことは記憶に新しい。

買占め防止のためのポジションリミット

続いてCFTCがそのミッションステートメントで二つ目に掲げている米国デリバティブ市場の②Resilience（弾力性、回復力）を促進するためのレギュレーションについてみていく。本章の冒頭で触れたように、過去に何度となく買占めによって複数のマーケットが機能停止へと追い込まれてきた歴史をふまえると、ここでいう市場の弾力性とは、一部の市場参加者による、かような企てに対する耐性とも意訳することができると考えられるため、以下では、買占め等によって少数の参加者が市場をコントロールしてしまう事態を未然に防ぐために米国先物市場で幾層にも設定されている保有ポジション数量制限の構造を中心として話を進めたい。

コラム⑩「CFTC建玉明細の仕組みと変遷」においても言及したように、CFTCは清算FCMに対して、上場商品ごとに定められた⑴Reportable Position Levelsと呼ばれる一定の数量に達したポジションを一商品においてでも保有している顧客口座に関して、その市場参加者が保有している全商品の全ポジションを日々取引所へ報告するよう義務づけている。さらに、CFTCと各取引所は、このレポータブル水準よりも一段階上に⑵Position Accountability Levels（ポジション責任レベル）と呼ばれる数量を設定しており、保有ポジションがこの水準へ達した市場参加者はCFTC、あるいは取引所からの要請があれば、当該ポジションの意図、売買ストラテジー、およびヘッジに関する情報などについて報告する責任がある。ただし、ここまでは仮に保有ポジションが定められた水準を上回ったとしても、⑴の場合は先物口座を開設している先の清算FCMが、⑵の場合は市場参加者自身が、それぞれ報告義務や責任を負うだけのことであって、各水準を超過したポジションを保有すること自体は（取引所からポジション縮小の指示を受けない限り）

問題とはならない。

ところが、その一段上の⑶Position Limitsは文字どおりポジション「上限」数量であり、原則としてすべての市場参加者はこのポジション数量を、たとえ取引時間中の一瞬であっても、超過してはならない。また、売買が成立した場合にポジション上限数量を上回ることになるような先物注文を出すこと自体が妨害取引、あるいは市場操作であるとCFTCからみなされるリスクもあるほか、このポジションリミットへの抵触は「Strict Liability（厳格責任、無過失責任）」と呼ばれる違反で、当局や取引所は違反者の認識や故意を証明しなくてもよい。つまり「気づきませんでした」はいっさいの言い訳にならず、超過した時点で（その理由にかかわらず）違法行為となるきわめて厳しいものである。図表3.1.1に示したように、CFTCは2020年11月、それまで農産品の９市場（Legacy Agricultural Contracts）に対して設定していた「連邦ポジションリミット（Federal Position Limits）」を拡大するとともに、新たに、その他の農産７商品、メタル５商品、エネルギー４商品を加えて、連邦の数量制限を合計25の主要先物商品に対するものとした。

たとえば、以前から連邦ポジションリミットが設定されていた「レガシー」と呼ばれる九つの農産品市場からCBOTのコーン先物を取り上げると、まずスポット限月リミット（Spot Month Limit）が1,200枚とされている。「スポット限月」の定義は取引所や商品によって異なるが、CBOTの穀物先物においては、受渡し当月初日の２営業日前の取引終了時点で期近限月が「スポット」となる。スポット限月になる前までであれば、その限月について単一限月リミット（Single Month Limit）の57,800枚ものポジションを保有することが可能だが、一方で、全限月合計リミット（All-Months-Combined Limit）も同じく57,800枚ということは、つまりこの数量を複数の限月でそれぞれ保有することができるわけではないということを意味している。また、NYMEXのWTI原油先物におけるスポット限月リミットは、最終取引日の３営業日前の取引終了時点で6,000枚、２営業日前の取引終了時点で5,000枚、最終取引日の１営業日前の取引終了時点で4,000枚まで、という段

図表3.1.1　2020年11月CFTC更新の主要25先物商品に対する「連邦ポジションリミット」

<table>
<tr><td rowspan="2">25</td><td>Exchange</td><td colspan="2">Futures Contract</td><td>Spot Month Limit</td><td>Single Month Limit</td><td>All-Months-Combined</td></tr>
<tr><td>取引所</td><td colspan="2">上場先物商品名</td><td>スポット限月リミット</td><td>単一限月リミット</td><td>全限月合計リミット</td></tr>
<tr><td colspan="7">Legacy Agricultural Contracts（レガシー農産品市場）</td></tr>
<tr><td>1</td><td>CBOT</td><td>Corn</td><td>コーン</td><td>1,200</td><td colspan="2">57,800</td></tr>
<tr><td>2</td><td>CBOT</td><td>Oats</td><td>オーツ</td><td>600</td><td colspan="2">2,000</td></tr>
<tr><td>3</td><td>CBOT</td><td>Soybeans</td><td>大豆</td><td>1,200</td><td colspan="2">27,300</td></tr>
<tr><td>4</td><td>CBOT</td><td>Soybean Meal</td><td>大豆粕</td><td>1,500</td><td colspan="2">16,900</td></tr>
<tr><td>5</td><td>CBOT</td><td>Soybean Oil</td><td>大豆油</td><td>1,100</td><td colspan="2">17,400</td></tr>
<tr><td>6</td><td>CBOT</td><td>Wheat</td><td>小麦</td><td>1,200</td><td colspan="2">19,300</td></tr>
<tr><td>7</td><td>CBOT</td><td>KC Hard Red Winter Wheat</td><td>カンザス冬小麦</td><td>1,200</td><td colspan="2">12,000</td></tr>
<tr><td>8</td><td>MGEX</td><td>Hard Red Spring Wheat</td><td>ミネアポリス春小麦</td><td>1,200</td><td colspan="2">12,000</td></tr>
<tr><td>9</td><td>ICE</td><td>Cotton No.2</td><td>綿花</td><td>900</td><td>5,950</td><td>11,900</td></tr>
<tr><td colspan="7">Other Agricultural Contracts（その他の農産品市場）</td></tr>
<tr><td>1</td><td>CME</td><td>Live Cattle</td><td>生牛</td><td>600/300/200</td><td></td><td></td></tr>
<tr><td>2</td><td>CBOT</td><td>Rough Rice</td><td>米</td><td>800</td><td></td><td></td></tr>
<tr><td>3</td><td>ICE</td><td>Cocoa</td><td>ココア</td><td>4,900</td><td></td><td></td></tr>
<tr><td>4</td><td>ICE</td><td>Coffee C</td><td>コーヒー</td><td>1,700</td><td></td><td></td></tr>
<tr><td>5</td><td>ICE</td><td>FCOJ-A</td><td>冷凍オレンジジュース</td><td>2,200</td><td></td><td></td></tr>
<tr><td>6</td><td>ICE</td><td>Sugar No. 11</td><td>砂糖</td><td>25,800</td><td></td><td></td></tr>
<tr><td>7</td><td>ICE</td><td>Sugar No. 16</td><td>米国産粗糖</td><td>6,400</td><td></td><td></td></tr>
<tr><td colspan="7">Metal Contracts（メタル商品市場）</td></tr>
<tr><td>1</td><td>COMEX</td><td>Gold</td><td>金</td><td>6,000</td><td></td><td></td></tr>
<tr><td>2</td><td>COMEX</td><td>Silver</td><td>銀</td><td>3,000</td><td></td><td></td></tr>
<tr><td>3</td><td>COMEX</td><td>Copper</td><td>銅</td><td>1,000</td><td></td><td></td></tr>
<tr><td>4</td><td>NYMEX</td><td>Platinum</td><td>プラチナ</td><td>500</td><td></td><td></td></tr>
<tr><td>5</td><td>NYMEX</td><td>Palladium</td><td>パラジウム</td><td>50</td><td></td><td></td></tr>
<tr><td colspan="7">Energy Contracts（エネルギー商品市場）</td></tr>
<tr><td>1</td><td>NYMEX</td><td>Henry Hub Natural Gas</td><td>天然ガス</td><td>2,000</td><td></td><td></td></tr>
<tr><td>2</td><td>NYMEX</td><td>Light Sweet Crude Oil</td><td>WTI原油</td><td>6,000/5,000/4,000</td><td></td><td></td></tr>
<tr><td>3</td><td>NYMEX</td><td>NY Harbor ULSD Heating Oil</td><td>灯油</td><td>2,000</td><td></td><td></td></tr>
<tr><td>4</td><td>NYMEX</td><td>NY Harbor RBOB Gasoline</td><td>ガソリン</td><td>2,000</td><td></td><td></td></tr>
</table>

（出典）　CFTC Position Limits for Derivatives

階式になっている。ただし、レガシーの9商品以外には単一限月リミットも、全限月合計リミットも、連邦レベルでは設定されていない。

この理由は、米国先物市場におけるポジション数量制限が、連邦リミットを超えない範囲で各取引所が独自にリミット（Exchange-Set Limits）を設定するという二重構造になっているからで、言い換えると、各取引所はCFTCが定めた図表3.1.1の数量範囲内でポジションリミットを設定する一方、CFTCが上限を定めていないカテゴリーにおいては独自にポジションリミットを設ける権限を与えられている。たとえば、「レガシー」９商品のうち７商品を上場しているCBOTでは、それらに対する連邦リミットを原則そのまま取引所のポジションリミットとして採用しているが、このほかにも数量制限に関する取引所のルールは細かく定められており、違反に対する罰則も厳しいことから、市場参加者は売買する先物商品を上場している取引所が設定したポジションリミットを常にウェブサイト等で確認しておく必要がある。

また、図表3.1.1のポジションリミットは、先物だけではなく、その先物契約に直接的、あるいは間接的に連動している先物オプション、およびそれと経済効果が等しいスワップ取引をも対象として含む数量であることに注意されたい。この場合の先物オプションは、第１章の３で述べたデルタによって先物に換算された数量となる。なお、かつては保有する先物ポジションの数量がリミットへと抵触するのを回避する目的で、スワップ取引によって先物ポジションをFCMの先物口座から金融機関の相対口座へと一時避難させるスキームが一般的に利用されていたが、そのようにして先物から移行させた相対スワップのポジションも、現在では連邦レベル、取引所レベルのいずれにおいてもポジションリミットの対象数量に含まれてしまうため、もはや数量上限を回避する目的での相対スワップ取引を実行する意味は失われたということになる。

一方、CFTCレギュレーションによって定義されたBona Fide Hedging（正真正銘のヘッジ）に該当するポジションであれば、ここまでの３階層で最上位に当たる連邦、および取引所の(3)ポジションリミットを超過した数量のポジションを保有することも例外的に認められている。その場合、市場参加者は当該先物商品を上場している取引所に対して事前に(4)Hedge Exemptions（ヘッジ免除枠）を申請し、承認を得ておく必要があり、この免除枠を含めた数量制限の４層構造を示したのが図表3.1.2である。なお、CMEの場合には、Bona Fideヘッジポジションであればリミット超過後５営業日以内に後追いでヘッジ免除枠を申請してもよいとしているが、このあたりのルールは取引所ごとに異なるため、ポジションリミットの場合と同様に各取引所のウェブサイトで事前に確認しておく必要があろう。

また、CMEに対してヘッジ免除枠を申請する際には（そのポジションリミットを超過する必要性を証明するために）当該先物の原資産であるコモディティに関して、直近12カ月間の現物ポジション（在庫数量、ロング、およびショートポジション）を月次データとして申請書に記載する必要がある。したがって、将来ヘッジ免除枠が必要になる可能性があると予想される商品に関しては、あらかじめ（先物ではなく）現物の保有ポジションを毎月記録しておくのが賢明である。取引所が承認するヘッジ免除枠の有効期限は１年間

図表3.1.2　米国先物市場における保有ポジション数量制限の４層構造

(4) Hedge Exemptions
（ヘッジ免除枠）
・CFTCがレギュレーションで定義するBona Fide（正真正銘の）ヘッジが対象
・当該先物商品を上場している取引所への申請で事前の許可取得が必要

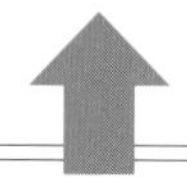

(3) Position Limits
（ポジションリミット）
・故意がなくても、取引時間中（Intraday）の超過で違反に
・先物オプション、経済効果が同じ相対スワップも制限対象

〈連邦リミット〉
９×レガシー農産品
７×農産品
５×メタル商品
４×エネルギー商品
⇓
〈取引所リミット〉

(2) Position Accountability Levels
（ポジション責任レベル）

(1) Reportable Position Levels
（レポータブルポジションレベル）
各FCMが口座情報を取引所経由で当局へ報告

で、更新する際には再び直近12カ月間の現物ポジション記録の提出が求められるため、結局のところ、その商品のキャッシュポジションは常に月次のデータとして蓄積しておく必要があるということでもある。

以上のように、買占め等によって少数の参加者が市場をコントロールしてしまう事態を未然に防ぐために、米国先物市場では保有ポジション数量制限が幾層にも設けられているのだが、もしたとえば、ある上場商品で(3)のポジションリミットぎりぎりまで投機的な先物ポジションを拡大させたXYZ Corporationが、上限抵触を回避するために別途XYZ Inc.を設立して新たな名義の先物口座を開設し、その同じ上場商品で再びリミットに近い数量の先物ポジションを建玉したとしたらどうか。このような故意がなくとも、現実的に日本企業が米国の先物市場ですでにポジションを保有しており、今度はその100%海外子会社が別途FCMに先物口座を開設して同じ市場で建玉し始めたとしたら、ポジションリミットはどのように適用されるのか。

CFTCレギュレーションにはポジションリミットのAggregation Rules（統合規則）が明記されており、原則として10%以上のオーナーシップ、あるいは株式を所有している企業のポジションは、自社のポジションと統合（Aggregated）されてポジションリミットの対象となる。つまり、前述の例ではXYZ CorporationがXYZ Inc.の10%以上の株式を所有していれば、両社は一つの企業とみなされ、２社合計のポジションが１社分のポジションリミット内に収まっていなければならないということになる。ただし、これにも例外があり、たとえば前述の日本企業とその100%海外子会社が、(A)先物を含むデリバティブ取引をそれぞれ独自に意思決定し、(B)別々のトレーディングシステムを用い、(C)互いの売買情報が共有されない内部統制が確立されたもとで、(D)意思決定を行う従業員の兼任もなく、(E)別々のリスクマネジメントシステムによって管理されている等、明確に独立した口座管理が行われていれば、両社の先物ポジションは非統合（Disaggregated）とすることができるのである。この場合、CFTC（あるいは取引所）から指示があれば、同企業はポジションの非統合に必要なこれらの条件を満たしている旨の説明提示を含む通知書をCFTC（あるいは取引所）へ提出しなければならない。

米国市場振興と先物産業保護とのバランス

図表3.1.1の連邦ポジションリミットにおいて、従来の農産品9市場だけが「レガシー」として、スポット限月リミットのみならず、現在でも単一限月リミット、全限月合計リミットの制約を受けているという事実を不思議に感じた人がいるかもしれない。本章の冒頭では1975年に独立連邦機関であるCFTCが誕生した時代背景について述べたが、実はこのCFTCの前身であるCommodity Exchange Authority（商品取引所局）は連邦の独立機関ではなく、1947年に米国農務省によって設立された機関であった。その理由は、1936年にCommodity Exchange Act（商品取引所法）が成立するまでの米国先物市場が1922年に成立したGrain Futures Act（穀物先物法）のもとで農務省によって管轄されていたためで、このように時代をさかのぼればさかのぼるほど、先物と農業との関係は密接になっていく。だからこそ中西部の大穀倉地帯を背後にもつ穀物の集散地として発展したシカゴ市の中心にCBOTビルディングが荘厳に鎮座し、1930年に建てられたそのアール・デコ調の建物の最頂部には、ローマ神話に登場する豊穣の神ケレスの像が今もそびえ立っているのである。

CFTCが掲げる三つ目の使命である市場の③Vibrancy（活性、活力）を促進することとは、産業としての米国先物市場の発展と国際競争力の維持、とも意訳することができそうだが、本音は農業国として前述の伝統的農産品を市場競争から守り、また膨大な雇用を生み出す米国の先物産業自体を国際競争から守ることといっても過言ではないかもしれない。おおよそ自由競争市場原理を標榜する先物の世界とは相いれない姿勢ではあるものの、2004年に当時世界最大の先物取引所とされていたドイツのEurexがCBOTの清算機構を買収して米国へ進出した際、官民一体となって徹底的に防戦し、結果的にEurexを駆逐するに至った米国の守備力には凄まじいものがあった。したがって、米国先物に係る法やレギュレーション、および取引所ルールを考え

Chicago Board of Tradeビルディング（2023年監修者撮影）

る際には、その目的が根源的に「米国の」投資家、産業、およびマーケットの保護にあるという点を忘れてはならない。これらを脅かす行為に対しては罰則が待ち受けていると考えるべきである。

その意味で、第１章の４で述べた市場外取引はCFTCや各取引所による市場活性化と市場保護との折衷案とも解釈できそうである。たとえば、2023年の今、主要な米国先物取引所のマーケティング担当者が世界中の大口ユーザーに対して積極的に宣伝して回っているのは市場外取引の一つであるブロック取引で、これによれば仮に取引時間外であっても二者間が相対で合意さえすれば売買が成立する。取引所側からみれば、寝ている間に手数料収入が得られるうえ、一定水準以上の「ブロック」としてまとめて取引されることからその数量も決して小さくない。一方で、通常の取引から流動性を奪ってしまうほどにユーザーがブロック取引へ移行してしまっては、市場の①完全性（Integrity）、つまり価格発見機能を低下させる諸刃の剣にもなりうることから、手放しで奨励するわけにはいかず、さまざまなレギュレーションとルールによって、その振興と抑制とのバランスをとろうとしているのが、現在のCFTCと取引所のスタンスであるように見受けられる。

ブロック取引を行う際に注意しなければならない点をあげると、まず関係会社間、つまり共通の受益所有者のもとにある二つの異なる先物口座間でのブロック取引は原則として認められない。例外は、前述したポジションリミットの統合規則における例外条件と類似したもので、当該ブロック取引の実施が別々の独立した意思決定者によって決められたものであること、その取引が別々に独立した正真正銘の合法なビジネス目的によること、および取引価格が公正かつリーズナブルであること、である。これらの条件が満たされていないブロック取引は、違法なウォッシュトレードとみなされることになる。また、ブロック取引として認められる最低数量、報告義務やその手順に関しては、各取引所が詳細なルールを設定しているほか、後述するEFRPの場合と同様に、当事者がどのような記録保管義務を負うかについても事前に各取引所のウェブサイトで確認しておく必要があろう。

市場外取引の代表格であるEFRP（Exchange for Related Positions）に関しては、第１章の４でEFP（Exchange for Physical）取引について具体例にあげて詳述したとおり、会計操作やマネーロンダリングに悪用される可能性もあることから、実行する際に満たさなければならない必要条件には十分に留意する必要がある。まず⑴EFRPのRPの部分に当たるRelated Position、つまり先物の原資産であるコモディティの現物取引、あるいはその先物の派生商品、副産物や、一定の価格連動性がある商品などの取引が存在していることが大前提となる。さらに⑵それらの数量が対象となる先物とおおむね同一であることと、⑶それら二つの反対方向の取引が同時に行われること、そして⑷価格単位が先物のそれに倣ったものであり、かつ、第１章でも述べたように、EFRP価格が商業的にリーズナブル（Commercially Reasonable）であることが非常に重要となる。仮にマーケット価格から乖離した価格での

EFRPを実行した場合には、ほぼ間違いなく取引所からその正当性を証明するよう指示があるものと考えておくべきであろう。

また、CMEルールでは以下のようなTransitory（一過性の）EFRPを禁止しており、罰則の対象となるので注意が必要である。たとえば、米国時間の夜にヘッジ目的でCBOTのカンザス小麦先物を大量に買う必要が生じたものの、夜間取引では流動性が低く、先物価格を押し上げることなく全数量を買い建てるのは困難であると判断したとする。そこでこの市場参加者は、まず①ある金融機関との相対（OTC）取引で小麦スワップを単一価格でロングしておき、②翌日に同スワップを手仕舞うと同時に、③EFR（Exchange for Risk）として②のスワップ売りと反対方向の先物買いにより必要な数量のカンザス小麦先物をロングしたのである。このような一連の取引に対してCMEは、そもそもの目的が先物をロングすることであったのは明白で、それを達成するための手段として相対スワップ、およびそれを先物へ転換するためのEFRを用いたものと解釈する。米国時間の夜間で先物市場の流動性が不十分であったという事実はどうであれ、EFRPの際に先物の反対側に来る①スワップ取引そのものに（後から先物へ転換するという以外の）独立した存在理由がない限り、このEFRPは「一過性」の手段にすぎなかったとみなされるのである。つまり、ただでさえ流動性の低い夜間取引から（EFRPによって）さらに売買が流出してしまうことを懸念し、ここではCMEは市場振興を優先したいということなのであろう。

さらに、米国の二大先物取引所であるCMEとICEの市場レギュレーション部門は、それぞれ毎月EFRP取引のレビューを行い、その顧客口座をもつ清算FCMのコンプライアンス部門を通じて市場参加者に証拠書類の提出を求めている。その内容は取引所ごとに多少異なるものの、原材料コモディティをヘッジする目的で米国先物を利用する市場参加者にとってEFRP、特にEFPは必要不可欠な市場外取引であるため、必然的に取引所から受ける定期的な証拠書類の提出要請も避けては通ることのできないものとなってしまう。

まず、CMEから提出を求められるのは(A)EFRPの発注、交渉、執行、確認に係るすべての伝票、記録簿、Ｅメール、インスタントメッセージその他の記録、(B)EFRPにおけるすべての関連する契約条項と相手方の情報を明示するデリバティブ（先物）部分の確認書、あるいは署名ずみ契約書、(C)EFPの場合に先物の原資産である現物商品の所有権の移管を示す書類と（清算の証拠としての）支払に係る第三者証明、および(D)当事者の社内会計システムが示す当該EFRP取引の入力記録、などである。

一方、ICEからは(A)EFRPの先物部分が記載された（口座主の名義を示す）先物口座ステートメント、(B)EFRP取引の交渉を担当した個人、ブローカー、および報告者の名前と、その間で行われたコミュニケーションの記録、(C)EFPの背景となったキャッシュ（現物）取引に係る売買契約書、確認書、所有権を示す証憑、請求書、および原資産コモディティの移動を示す倉荷証券のコピー等の提出が求められることになる。

いずれの取引所からも通常、提出要請日から１、２週間後の明確な提出期限日が提示されるほか、提出後も証憑に関する質問や問合せなどが数カ月にわたって執拗に続くこともあるため、とにかくEFRP取引に関しては、すべての取引関係情報の記録保管を普段から徹底しておくことがレギュラトリーリスクを管理するうえで必須であると心得ておきたい。

2 顧客資産保全のためのメカニズム
――清算FCMの破綻シナリオ

FCMの顧客資産分離とグロス証拠金預託義務

本稿を執筆中の2023年３月、シリコン・バレー銀行が経営破綻し、クレディ・スイスがUBSに買収された。その後も複数の欧米金融機関の信用不安が連日のように取り沙汰されている。原材料コモディティをヘッジするために市場参加者が先物口座を開設することになるFCMも民間金融機関の一種であることから、きわめてまれながら、過去にはいくつかの破綻事例があった。また、本章の1で述べたように、日本企業のリスクマネジメント部門にとっては、米国先物市場における③レギュラトリーリスクや、②マーケットリスクと比較して、潜在的な損失金額も発生確率も低い①カウンターパーティーリスクがどうしてもいちばん重要に映るようで、先物取引においてすべての買い手と売り手の相手方となる取引所の清算機構（CFTCにDCO—Derivatives Clearing Organization、つまりクリアリングハウスとして登録している企業）が米国では過去に一度も破綻したことがないという事実をふまえると、残るは先物口座を開設する先の清算FCMが①におけるリスク対象ということになる。したがって、もし清算FCMが破綻してしまった場合に先物口座の資産は保全されるのか、という質問を受けるケースは非常に多い。

米国では商品取引所法とCFTCレギュレーションによって、清算FCMが顧客のポジションと資金を（自社のそれらから）分離することが義務づけられており、第2章の3で図表2.3.2を用いてステートメントの「*SEGREGATED-USD*」という表記について説明したように、具体的には清算FCMは（A）Customer Segregated Account（顧客分離口座）を銀行や信託会社に開設し、その口座内の顧客資産はFCM自身や他の顧客のために使用することができないとされている。連邦預金保険公社によって一定額まで保護されている銀行預金などとは異なり、FCMの破綻に対する公的な救済システムは存在しないが、米国の連邦破産法（Bankruptcy Code）、および関連するCFTCレギュレーションには、FCMが破綻した際に顧客分離口座の顧客資産が、他の債権者からの請求に優先して顧客へ弁済される旨が定められている。

また、欧州市場の先物取引に係るユーロ建て資産がステートメントに「*SECURED-EUR*」と記されるように、（米国からみた）海外先物、およびオプションに係る顧客資産は(B)Customer Secured Accountと呼ばれる別口座で管理することがCFTCレギュレーションで義務づけられている。ただし、この口座は米国の連邦破産法の法域外であることから、最終的な資産保全の仕組みに関しては当該国の法律に従う。なお、上場先物商品に係る顧客資産が顧客分離口座へSegregated（分離）される一方、先物取引所のクリアリングハウスで清算されるようになったCleared Swapsと呼ばれる（主に金利）相対スワップ取引に係る顧客資産には(C)Cleared Swaps Customer Accountなどの別口座における管理がCFTCによって求められており、それらは同じ清算FCM内にあっても(B)とはもちろんのこと、(A)顧客分離口座の顧客資産とも混蔵してはならない。資産保全のための仕組みにおいても(A)と(C)とは明確に区別されているため、この点についてはあらためて後述する。

2010年に成立したドッド・フランク法のもとで、CFTCは2013年１月から米国の各クリアリングハウス（清算機構）に、清算FCMに対するCustomer Gross Margining、つまり顧客からの証拠金を相殺することなく総計（グロス）のまま受け入れることを義務づけた。たとえば、ある清算FCMの顧客Ａが100枚ロングしている先物と、同一商品、同一限月で顧客Ｂが50枚ショートした場合、そのFCMは2012年までなら50枚分の証拠金を清算機構へ預ければよかった。このいわゆるネット証拠金（Net Margining）体制下で問題が生じるのは、その清算FCMが破綻した場合である。清算FCMの破綻によって取引所のクリアリングハウスはその顧客を他の清算FCMへ移植（Porting）することになるのだが、顧客Ａが100枚分の、顧客Ｂが50枚分の証拠金預託義務を果たしているにもかかわらず、クリアリングハウスに50枚分の証拠金しかなければ、ＡとＢをそれぞれ別々の清算FCMへ移植することが（証拠金不足によって）不可能となる。つまり、ネット分の証拠金しか清算機構へ入金していない清算FCMが破綻してしまった場合、そのすべての顧客を別の清算FCM１社へまとめて移す以外に選択肢がなくなってしまい、スケールの大きな破綻が生じた際には受入れ先の選定が困難を極める。2008年に破綻したリーマン・ブラザーズ傘下の清算FCMであるLehman Brothers, Inc.を結果的にバークレイズ・キャピタル１社が買い取ることになった際の教訓が、このレギュレーション変更につながったことはいうまでもなく、顧客Ａ

から100枚分、顧客Ｂから50枚分の証拠金を預かった清算FCMが、グロス150枚分の証拠金をそのまま清算機構へ入金しておけば、そのFCMが破綻した際にクリアリングハウスはＡとＢを別々の清算FCMへ移植することができるのである。

なお、清算FCMは自社のみならず、関係会社のポジションと資金をも、顧客のそれらからは分離しなければならない。つまり、FCMと資本関係がある顧客は純粋な顧客ではなく、彼らのポジションの日々の清算はそのFCMにとってSelf-Clearing（自己清算）であるとみなされる。したがって、FCMの関係会社による預託資産は、顧客分離口座の資産よりもFCM破綻時における保全の優先順位が低いということにもなる。

清算FCM破綻シナリオとフェロー顧客リスク

それでは実際に清算FCMはどのようなシナリオで破綻しうるものなのか。清算FCMによるクリアリングハウスに対するグロス証拠金の預託義務を受けて、たとえば、顧客Ａの先物口座でマージンコールが発生したとき、仮に顧客Ｂの口座にマージン余剰額があったとしても、CFTCはFCMがBの余剰額をＡの不足額へ充当することを禁じている。そのため、もし顧客Ａからの入金が得られなければ、FCMは自己資金をもって清算機構に対するグロス証拠金の預託義務を果たさなければならず、結果的に顧客分離口座にResidual Interest（余剰持分）と呼ばれる自己資金をバッファーとして常に維持しておく必要に迫られている。このようにして清算FCMは毎日(1)顧客分離口座にある顧客資産残高、(2)法規制によって顧客のために顧客分離口座での維持が求められる金額（＝その清算FCMの全顧客に最終的に帰属する資産合計額）、および(3)顧客分離口座内のResidual Interestの残高、の計算を義務づけられており、これらを常に(1)＋(3)＞(2)の状態へ維持することが、清算FCMにとっての分離保管義務となる。

第２章の３（図表2.3.6）で、顧客先物口座の総資産額（Total Equity）がマイナスへと落ち込むようなまれな事態においては、清算FCMが緊急の即日入金要請（Variation Margin Call）を発動することができると述べたが、この時点ではすでにFCMがその顧客のポジションを強制的にすべて閉じて証拠金負担を解消したとしてもなお、当該FCMの顧客分離口座において⑴<⑵の状態に至る可能性があり、その際にバッファーとなる⑶によって前述の分離保管義務が履行できればよいものの、もしも一部の顧客がそのまま負の総資産額を多額に残したままデフォルトしてしまった場合、⑶をすべて使っても分離保管義務を履行できなければ、そのFCMはさらに自己資金を注入して、いわゆるUnder-Segregatedという水面下の状態から一刻も早く脱しなければならない。2011年に破綻した清算FCMのMF Global, Inc.が分離保管義務違反、つまり水面下へ沈んでから、連邦破産法の適用を申請するまでに要した日数はわずか5日間であった。

このようにして、一部の顧客のデフォルトの規模が大き過ぎたことで、そのFCMが自己資金をもってしても不足を補えず、清算機構に対してデフォルトしてしまった場合、米国の連邦破産法では、顧客分離口座に生じた不足分に、その清算FCMの（デフォルトしていない）顧客の資産が比例配分（Pro Rata）で充当されることになっている。このデフォルトした市場参加者と同じ清算FCMに先物口座をもっていた健全な顧客にも皺寄せが及ぶ危険をFellow Customer Risk（フェロー顧客リスク）と呼ぶ。実際、2005年に清算FCMのRefco, Inc.が破綻した際には、最終的に一部の顧客資産が返還されなかった。430百万ドルの不良債権隠蔽という清算FCM自身の会計不正が破綻の原因ではあったものの、それが大口のヘッジファンド顧客が被った取引損失に由来していたという点では、フェロー顧客リスクが現実のものとなってしまったまれな例ともいうことができよう。

一方で2020年にCFTCは清算FCM破綻時の顧客資産の保全を強化すべく、顧客分離口座内にFCMが維持しなければならない余剰持分（Residual Interest）を上乗せするとともに、当局の許可なくそれを引き出すことを禁じた。地政学リスクの高まりに伴う昨今のコモディティ先物価格の変動率上昇が背景にあると思われるが、清算FCMにとって財務上の負担が重くなってきていることは確かで、市場参加者は先物口座を開設するFCMを選定する際に、CFTCが定めている純資本要件（Adjusted Net Capital）をそのFCMがどれくらい上回っているのか（Excess Net Capital）等も比較、検討すべき時代を迎えているといえる。

なお、清算FCMに対してグロス証拠金預託が義務づけられたのと同じ時期に、CFTCは前項「FCMの顧客資産分離とグロス証拠金預託義務」で述べた(C)Cleared Swaps Customer Accountに係る顧客資産に対してLSOC—Legal Segregation with Operational Commingling（法律上分離で実務上混蔵）と呼ばれるフェロー顧客リスク軽減のための仕組みを導入した。これによって清算FCMには、顧客単位でのポジションと必要証拠金額の清算機構に対する報告が義務づけられ、清算機構は一部顧客のデフォルトによって清算FCMが破綻した場合でも(C)Cleared Swaps Customer Accountの不足額にほかの健全な顧客の資産を充当することができなくなった。これは上場先物商品に係る(A)顧客分離口座において、CFTCが清算FCMの破綻によって生じた不足分の補充に健全顧客の資産を使うことを禁じていないのとは大きく異なる。つまり、取引所のクリアリングハウスで清算される相対スワップ取引では、上場先物取引に一歩先んじてフェロー顧客リスクが軽減されたということができるのである。

コラム 11

執行ブローカーへのギブアップ

ギブアップと聞けば、だれもが「諦める」という意味を頭に浮かべるであろうが、米国先物の世界ではまったく異なる意味をもつ。たとえば、ある①清算FCM（Clearing Broker）に先物口座を開設した②顧客（Customer）が、そのFCMに先物の売買注文を出すかわりに、別の③執行ブローカー（Executing Broker）へ発注し、売買が成立した後にその執行ブローカーが①にある②名義の先物口座へ当該取引を「Give-Up」、つまり引き渡すのである。このようなアレンジには事前に三者間で契約を取り交わす必要があり、米国ではFIA（Futures Industry Association―米国先物業協会）のInternational Uniform Brokerage Execution Service Agreement（通称Give-Up Agreement、頭文字からGUAとも呼ばれる）という三者間契約によって、先物１枚当り1.50ドルなどのように、①を通じて②が③へ支払う執行手数料（Executing Fee）レートを合意しておくのである。ではなぜこのような仕組みが必要とされるのか。その理由は大きく分けて二つある。

一つ目は顧客側の都合で、たとえば、原材料コモディティの調達においてさまざまな情報や分析レポートをタイムリーに入手するために、顧客が５社の清算FCMにそれぞれ先物口座を開設したとする。FCMごとに強みがあり、米国の内陸における現物商品の物流に詳しいFCMや、南米の競合他社の動向をよく知るFCM、あるいは高いデリバティブの専門知識をもつFCMなど、顧客にとってはどのFCMから得られる情報やノウハウも重要で、先物口座を１社へ集約してしまっては、他の４社との関係が失われることになり、ビジネス上そのような事態はどうしても避けたい。一方で、５社のFCMに先物口座をもっているということは、５社からステートメントが届き、５社と毎日それぞれ清算に係る入出金を行い、かつ、証拠金負担が最適化されないという弊害がある。たとえば、一つのFCMに先物口座が集約されていれば、第２章の２で述べたように、５月限のロングと７月限のショートが限月間スプレッドのペアとみなされて低額の証拠金ですむところ、５月限のロングと７月限のショートが別々の先物口座に建っていては、それぞれのFCMに単体限月分の（高額な）証拠金を入金しなければならず、非効率的な資金負担を強いられることになる。そこでもし、５社のなかのFCM１社にだけ先物口座を残し、他の４社には③の執行ブローカーになってもらって、それぞれと三者間のギブアップ契約を結んではどうか。そうすれば、５社との関係を維持したままで、社内業務効率も改善することができることになるのである。

二つ目はFCM側の都合で、2007〜10年の金融危機とそれに続くゼロ金利時代に進行した先物ブローカーの「クリアリング離れ」である。ほぼすべての金融機関がそうであるように、FCMも顧客資産額によって順位づけが行われる業態で、「清算と執行（Clearing & Execution）」をビジネスの両輪としていたのは、日本の商品取引員における「預かり（顧客資産）と委託（手数料）」主義に通じる考え方であった。ところが、リーマン・ブラザーズの破綻に象徴される2000年代後半の金融危機を経て、2010年に制定されたドッド・フランク法で大手金融機関に対する規制が強化されると、清算FCMでも他の金融機関と同様にコンプライアンス業務の負担がそれまで以上に重くなり、さらに、続く欧州債務危機から自己資本比率規制が厳しさを増すなか、顧客資産額の大きさに応じて利益を生んでくれるはずの肝心の金利までが実質的になくなってしまったのである。つまり、新レギュレーションに対応しうるコンプライアンス部隊の装備と、高い自己資本比率の維持が求められる一方で、ゼロ金利によってリターンが縮小してROE（自己資本利益率）は低下していく。そのため「割にあわない」という判断からか、欧州の大手銀行などが米国の清算FCM部門の閉鎖や売却に動くなか、独立系FCMの不祥事なども加わり、先物ブローカーがもはや重荷でしかなくなりつつあった清算業務よりも、ギブアップ契約による身軽な執行業務を好んだのは当然の流れであった。また、CFTCにFCMとしてではなく、IB（Introducing Broker—紹介ブローカー）として登録しているブローカーでも、ギブアップ契約における執行ブローカーとして顧客注文を受注することができる。

なお、この時代に米銀系FCMからは金融危機で、独立系FCMからは不祥事などで、また欧州銀行系からは欧州債務危機とそれに続く米国先物業務からの撤退で、それぞれ顧客が流出したのだが、実は消去法から安全と判断された邦銀系FCMへ流れた顧客が多かったのも事実なのである。そして今、氷河期のように長かったゼロ金利政策期が終わりを告げたことで、もしかしたら残存者利益を謳歌することができる新しい時代を迎えつつあるのかもしれない。

CMEによるデフォルトウォーターフォールズ

クリアリングハウス（清算機構）がその会員である清算FCMのデフォルトに対して備えているセーフガードは取引所によって異なるが、米国最大の取引所運営会社であるCME Groupの清算機構であるCME Clearingは、前々項「FCMの顧客資産分離とグロス証拠金預託義務」で述べた(A) Customer Segregated Accountに対応する「ベース商品（Base Products）」と、(C) Cleared Swaps Customer Accountに該当する「金利スワップ」の二つのグループに、それぞれ「デフォルトウォーターフォールズ（Default Waterfalls）」と呼ばれる何段にも連なった滝のような安全装置を設けている。滝の階層はどちらのグループも同じだが、その金額は異なるため、図表3.2.1ではベース商品、つまり上場先物商品に係る顧客資産が分離保管（Segregated）されている(A)顧客分離口座のフィナンシャルセーフガードについて記している。

その前に、誤解がないようにあらためて強調しておかなければならないのは、清算FCMが破綻した場合に清算機構のCMEクリアリングがデフォルトウォーターフォールズの発動によって救済しようとするのは、破綻したFCMとその顧客ではなく、あくまでも（破綻したFCM以外の）健全な清算FCMとその顧客であるという点である。つまり冒頭の「もし清算FCMが破綻してしまった場合に先物口座の資産は保全されるのか」という市場参加者からの質問に対する答えは前項までで述べた内容によって完結しており、それは繰り返すと、商品取引所法とCFTCレギュレーションによってCustomer Segregated Accountへの分離保管が義務づけられている顧客資産は、破綻した清算FCMに対する他の債権に優先して弁済されるが、一部顧客のデフォルトの規模が大き過ぎて（破綻したFCMの自己資金をすべて使っても）顧

図表3.2.1　CMEクリアリングのデフォルトウォーターフォールズ

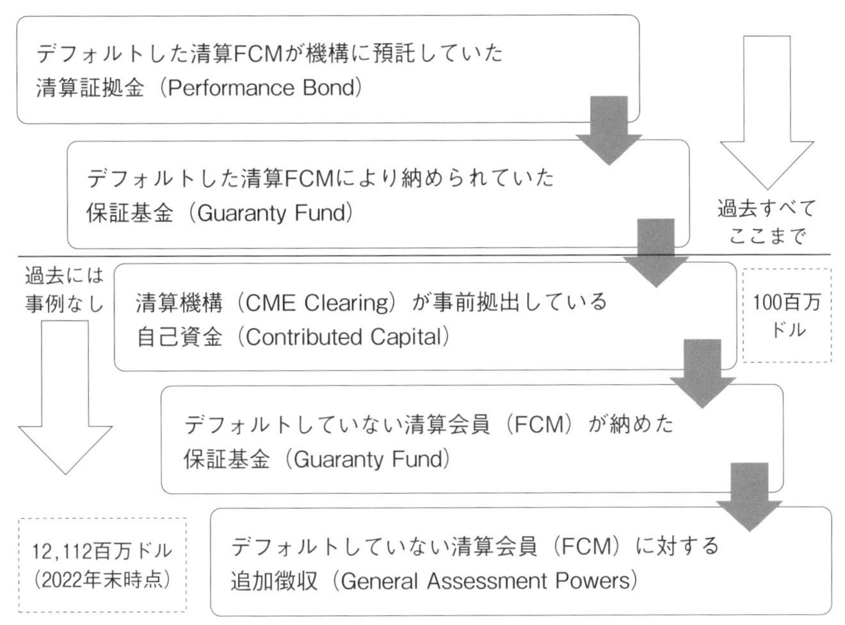

（出典）　CME Clearing Financial Safeguards Waterfalls

客分離口座に不足額が生じた場合には、ほかの健全な顧客の資産が、預託している純資産額（Net Equity）の割合に応じて（Pro Rata）充当に使われてしまうというフェロー顧客リスクを負っている、とまとめることができる。なお、この純資産額とは連邦破産法に定義されており、第２章の２で図表2.3.2を用いて述べた総資産額（Total Equity）に未実現損益を含むNet Market Value of Options（オプションの市場価値）を加えたAccount Value of Market（先物口座全体の市場価値）と同じ意味である。

したがって、図表3.2.1に示したデフォルトウォーターフォールズとは、清算FCMがCMEクリアリングに対する金融債務の不履行によってデフォルトした場合に、その余波が健全なほかの清算FCMとその顧客分離口座へ及ばないよう、清算機構がシステミックリスクに対する防波堤として用意している仕組みなのであって、言い換えると、それは市場参加者が先物口座を開設する清算FCMに対して負う信用リスクをカバーする保全策ではなく、市場参加者が先物取引の相手である清算機構に対して負うカウンターパーティーリスクをカバーする保全メカニズムということになる。ただし、清算FCMに幾つかの破綻例があるのとは異なり、前述したように米国で清算機構が破綻したことは過去に一度もなく、CMEクリアリングもウォーターフォールズの２段目まで、つまり破綻した清算FCMの預託証拠金と同清算FCMが納めていた保証基金までしか使ったことがない。

デフォルトウォーターフォールズ３段目のCMEクリアリングによる自己資金100百万ドルは、(A)ベース商品グループに対する金額であり、これとは別に(B)金利スワップのグループにも150百万ドルがすでに用意されている。また保証基金の額は、CFTCレギュレーションによって「もし清算FCMが２社、その関係会社とともに破綻した場合に想定される最大損失額をカバーしうる（Cover Twoと呼ばれる）額」と定められており、ベース商品グループに属する清算FCMが負担している保証基金の合計額は2022年末時点で4,404百万ドル超。さらに、最終５段目のCMEクリアリングによる（各清算FCMからの）追加徴収額は、ベース商品に関しては保証基金の275％と定められているため、2022年末時点では約12,112百万ドル（＝4,404×275％）となっている。また、CMEクリアリングでは過去のマーケットデータなどから現実的に起こりうる極端な非常事態を想定したストレステストを最低でも月に一度は実施しており、その結果も同清算機構のリスク委員会へ報告されるなど、米国における先物市場システムの根幹を支えるクリアリングハウスとして、万が一の事態に対する備えを徹底しているのである。

3 先物市場参加者の責任と違反の代償——レギュラトリーリスク

近年の法執行措置に関するトレンド

今一度、本章2の「顧客資産保全のためのメカニズム」で述べた米国先物市場の①カウンターパーティーリスクから、それより遥かに現実的な問題として重要な③レギュラトリーリスクへと話を戻したい。第1章の2で述べたように、先物市場における三大革命の筆頭はカウンターパーティーリスクを解消したことである。したがって、コモディティ先物口座を管理するうえで、本章の2で説明した清算FCMやクリアリングハウス（清算機構）の破綻（つまりカウンターパーティーリスク）に対する資産保全システムに過度の重きを置く必要はない。それらは飛行機に搭乗した際に必ず離陸前に放映される機内安全ビデオのようなものと考えるべきである。なぜなら、米国先物市場で過去に清算機構の破綻例はなく、清算FCMが破綻した数は飛行機事故の数よりも遥かに少ないからである。それよりも、米国における先物口座を管理するうえで大切なのは、先物に代表されるデリバティブツールの使い方によってその性質が大きく変貌する②マーケットリスクを正確に把握することであり、それ以上に本章の1で概要を記し、本節で補足するような③レギュラトリーリスクの正しい理解、その社内での啓蒙と管理体制の維持にあるということを繰り返し強調しておきたい。

本稿執筆中の2023年3月、本章の1で説明したスプーフィング（Spoofing—見せ玉）と呼ばれる妨害取引によってすでに有罪が確定している元JPモルガン・チェースの貴金属先物トレーダー2人に対して、連邦検察側がそれぞれ懲役5年と懲役6年を求刑したとのニュースが流れた。判決は同年6月に下る見通しだが、スプーフィングの罪では2021年に元ドイツ銀行の貴金属先物トレーダー2人が、また2023年に入ってからは元メリル・リンチのトレーダー２人が、それぞれ懲役１年の判決を受けており、それらと比較しても懲役５年と６年という求刑は非常に重い。もちろんこれには、彼らによるスプーフィングが2008年から2016年までの長期間にわたって行われていたという事実や、部下にコンプライアンス部門へ虚偽の報告をさせていた等の悪質な手口が、当時のトレード記録やチャットのログ、元同僚の証言などによって明らかになっていることが背景にあるのだが、それ以上に注目すべきは、彼らの雇用主であったJPモルガン・チェースがすでに2020年にCFTCから920百万ドルという当時のCFTC史上最大額となる罰金を科せられていたという事実である。この（実に1,200億円を超える）罰金額は、たとえば①先物口座を開設していた清算FCMが破綻して預託資産を喪失する、あるいは②保有していた先物ポジションがマーケットの価格変動によって損失を被る、などのケースがどれほど最悪のシナリオをたどったとしても遥かに及ばないであろう規模の損失である。この桁違いの金額からも米国先物市場においては、①カウンターパーティーリスク＜②マーケットリスク＜③レギュラトリーリスク、という不等式が成り立つという現実を感じ取ることができるはずである。

CFTCの法執行部（Division of Enforcement）は2020年の年次報告書のなかで、今後の執行方針として（市場の完全性保持や顧客の保護に加えて）個人に対する責任の追及を明確に示唆しており、また、他の司法機関との連携を強めることも明言している。このことは、司法省と連携した前述の元メタル・トレーダー２人に対する刑事告訴へとつながっていくことになるのだが、その一方でJPモルガン・チェースのスプーフィング事件そのものに関しては、当時CFTCとして史上最大額の罰金を科すに至った理由として「市場参加者における著しい監督の欠落」をあげている。つまり違法行為を犯した個人に対して刑事罰を求めると同時に、その雇用主に対しては違反を防ぐことができなかった監督不行届（Failure to Supervise）として厳しい措置をとる、というのが同年の報告書でCFTCが宣言し、その後も有言実行してきている法執行の方針なのである。

さらに、この年次報告書でCFTCは前述のJPモルガン・チェースによるスプーフィングの摘発を、堅固な最先端の市場監視プログラム（Market Surveillance Program）の成果でもあるとした。取引データを分析して異常値を検知するために起用している洗練されたシステムは、そこからさらなる捜査が必要と判断される取引パターンやポジションの特定に大きく寄与しており、過去においては検知困難であった不正取引を発見する能力をさらに向上させるべく、今後複数年にわたる強化プロジェクトにも取り組んでいく旨が報告書には明記されている。本章の１で述べたように、スプーフィングが高頻度取引（HFT）と呼ばれるミリ秒単位のアルゴリズム取引で行われるケースが多いことを考えると、その摘発を可能とするに至ったCFTCの市場監視システムが優れたものであることに疑いの余地はない。

図表3.3.1は2020年の年次報告書に記載されたCFTCによる同年の法執行措置件数をカテゴリーごとにまとめたデータに、その２年後の2022年の執行措置件数を比較のために加えたものである。2020年の法執行措置113件は、2012年の過去最多102件を上回った新記録であり、詐欺以外では前述したスプーフィングや監督不行届に対する執行措置件数が多かった事実が見て取れるが、そのいずれもが２年後には（おそらくはCFTCによる取り締まりの強化によって）大きく減少している。その一方で、違法な市場外取引や記録保管義務違反などのカテゴリーで2022年の法執行措置件数が2020年よりも増えており、市場外取引として新たにブロック取引が普及していくなか、第１章の４、および本章の１で述べたEFRP取引に関する定期的な証拠書類の提出指示に対して、市場参加者がその記録保管義務と、証憑提出の責任に応えることができない事例が増えてきているという傾向がうかがえる。これらはルールも明確で、記録保管すべき書類のチェックリストを整備するなどして比較的容易に違反を回避することができると考えられることから、組織としてもれのないように管理しておきたいカテゴリーである。

なお、2020年と比較して全体の法執行措置件数は2022年に大きく減少しているのだが、同年にCFTCは2020年のJPモルガン・チェースのスプーフィン

図表3.3.1　CFTCによる法執行措置（Enforcement Actions）件数

	違反カテゴリー	2020年	2022年
1	市場価格操作、スプーフィング	16	7
2	詐欺	56	31
3	非公開機密情報の不正利用、不正なトレード分配、雇用主に対する不正行為など	1	3
4	監督不行届、顧客資産の分離保管義務違反、財務資格要件違反など	24	7
5	違法な市場外取引、未登録営業	9	12
6	その他の違法取引（ウォッシュトレード、妨害取引、ポジション数量制限違反）	2	2
7	記録保管義務違反、その他の報告義務違反	3	18
8	CFTC、および自主規制団体への虚偽報告、過去の法執行命令に対する違反	1	1
9	法令資格喪失	1	1
	法執行措置件数	113	82

（出典）　FY 2020 Division of Enforcement Annual Report、およびCFTC Press Release Number 8613-22

グに対する罰金額を上回る1,186百万ドルという史上最大額の罰金をスイスに本社を置くグレンコア社に対して科した。この日本円に換算して1,500億円を超える驚愕の罰金は、米国の石油現物価格指標、およびその価格を基準とする先物とスワップ市場の価格操作に対するものだが、この事件ではアフリカと中南米諸国の政府機関、およびその職員への贈賄による機密情報の不正入手など、違法行為がきわめて多岐にわたっていたことが明らかにされた。このような悪質なケースは例外的であり、また罰金額に対して「インフレ」という言葉を用いるのは適切ではないかもしれないが、CFTCによる法執行措置の件数自体が減少する一方で、１件当りの罰金額が着実に増加傾向をたどっているという事実は、レギュラトリーリスクの一つのトレンドとして把握しておく必要があろう。

民間の上場企業である先物取引所への権限委譲

法執行措置の権限は連邦政府機関であるCFTCに帰属するものであるが、米国先物市場におけるレギュラトリーリスクを語るうえで忘れてはならないのは、民間の上場企業であるCMEやICEなどの先物取引所運営会社も、その傘下の取引所ルールに違反した市場参加者に対して懲罰措置（Disciplinary Action）をとることができるという点である。違反者の多くは罰金を科せられるか、あるいは一定期間の取引停止処分を受けることになるが、悪質な違反者がその取引所の市場から永久追放されるケースも決して少なくはない。

たとえばCMEの場合、市場規制部門（Market Regulation Department）が取引所ルールに対する違反の取り締まりを担っており、そのなかの(A)市場監視チーム（Market Surveillance Team）が上場商品の先物価格とその原資産価格との連動性や、市場参加者のポジションを監視することで、買占め等による市場価格操作の検知と防止に努めている。各市場参加者の保有ポジションがCMEのポジションリミットに抵触していないかどうかをモニタリングし、ヘッジ免除枠の申請書を審理するのも同チームである。一方で(B)捜査チーム（Investigations Team）は市場の価格発見機能を阻害するような違法取引、つまりウォッシュトレードなどの仮装売買、事前の売買アレンジや個別の価格交渉による競争回避、ブロック取引に関する違反、スプーフィングを含むその他の妨害取引などの検知と捜査を任じられている。そのために同チームは、システムによるデータ分析や証拠書類の点検のみならず、必要に応じて市場参加者に直接インタビューすることもある。そのほかにも(C)データ調査チーム（Data Investigations Team）が市場参加者や清算FCMから提出された取引データの正確性の確認に努めており、FCMによって顧客先物口座における個々のトレーダーに割り当てられたID番号から登録情報を把握し、その追跡した記録情報が異常値を示すことがあれば捜査を開始することになる。こうして捜査、摘発された違反者に対しては、まず市場規制部門の執行チーム（Enforcement Team）が調停による解決を試み、それでも合意に至らなかった事例に関しては、最高規制責任者（Chief Regulatory Officer）が事業運営委員会（Business Conduct Committee）の名のもとに、その違反者に対する懲罰措置をとることになるのである。

以上のようなCMEの懲罰措置プロセスからは、上場企業というよりもむしろ法執行機関のそれに近い印象を受けるはずで、この背景にはCFTCから民間取引所への権限移譲という米国先物市場のレギュラトリー環境における最近の明確なトレンドがある。本章の１で、連邦ポジションリミット（Federal Position Limits）を超えない範囲において各取引所が独自にリミット（Exchange-Set Limits）を設定するという二重行政構造について触れたが、CFTCによる連邦リミットは、図表3.1.1に示したとおり「レガシー」と呼ばれる伝統的な九つの農産品以外の商品ではスポット限月に対してしか定められておらず、それ以外のポジション数量制限の細部は各商品を上場している先物取引所が決めている。このようにCFTCが大枠を定め、その詳細の決定は取引所に委ねるという流れは、2020年に大幅改正されて2021年３月に施行された新しいポジションリミットに限った話ではなく、たとえばCFTCは、それまで大口のヘッジャーに対して月次での提出を求めていた「フォーム204（Form 204）」という穀物、大豆、大豆油、大豆粕の現物ポジション報告（Statement of Cash Positions）を2021年末に廃止した。これによって、市場参加者がいわゆるレガシー農産品について保有している先物ポジションが現物のヘッジ目的であるか否かを見極める術をCFTCは手放したことになるのだが、そのかわり、連邦のリミットを上回る数量の先物ポジションが必要な大口ヘッジャーは取引所にヘッジ免除枠（Hedge Exemptions）を申請して、事前に承認を得ておかなければならず、その際、本章の１で述べたように、その申請書に当該先物の原資産コモディティに関する直近12カ月間の現物ポジションを月次データとして記載するよう義務づけることで、CFTCは大口市場参加者が保有する（連邦リミット以上の）先物ポジションがヘッジ目的であるか否かの確認業務を、実質的にCMEという先物取引所を運営する民間の一上場企業へ移譲したということになったのである。

CFTCが前述のJPモルガン・チェースやグレンコア社に対して巨額の罰金を科すなど、司法省や外国の法執行機関とも連携して大型の事件を追及する一方で、その法執行措置件数が2020年から2022年にかけて減少していたことは図表3.3.1でも述べたが、同じ時期に民間取引所への権限移譲を進めていたのは偶然ではない。この期間にはCFTCの法執行措置（Enforcement Action）にかわってCMEやICEといった取引所による懲罰措置（Disciplinary Action）の事例数の明らかな増加傾向が見て取れ、市場参加者にとって米国の先物取引所は、単にそこに上場されているデリバティブ商品を売買するためのマーケットであるだけではなく、もはや連邦法執行機関の下部組織であると思って接しなければならない相手になっているという事実を十分に認識しておく必要がある。

そのため、市場参加者はCFTCのウェブサイト（https://www.cftc.gov/）はもちろんのこと、最近はむしろCMEが頻繁に更新しているCurrent Market Regulation Advisory Notices—通称MRANs（「エムラン」）と呼ばれる最新の市場規制注意通達集（https://www.cmegroup.com/rulebook/rulebook-harmonization.html）と、ICE Futures USのNotices（https://www.theice.com/futures-us/notices）という通達ページを頻繁にみておかなければならない。CMEの場合は、そのウェブサイトに登録することで懲罰措置の発表などがEメール配信されるため、最新のレギュレーションのトレンドを把握しておくのにも役立つはずである。

コラム 12

アルゴリズムの世界

2019年3月にCFTCから出された「自動売買注文が先物市場に与える影響に関する調査報告」（Research Report on Impact of Automated Orders in Futures Markets）（注）により、2018年当時ですでに通貨先物の90％以上が（人間ではなく）自動売買プログラムにより発注されており、その割合は金融、貴金属、株式、エネルギーの各先物市場でも80％前後に、また、2013年時点でまだ50％をわずかに上回る程度であった穀物・油糧種子の先物市場においても、2018年には自動売買注文のシェアが約70％にまで高まっていたという事実が明らかになった。

（注） https://www.cftc.gov/sites/default/files/2019/04/16/automatedordersreport032719.pdf

「クオンツ」と総称される数学・統計学を駆使したコンピュータによるQuantitative（数量的）な売買手法は、かつて一部ヘッジファンドの専売特許だったが、今ではほぼすべての電子取引プラットフォームが少なくとも数種類の「執行アルゴリズム（Execution Algorithm)」と呼ばれる自動売買プログラムを備えるほど一般の先物市場参加者へも浸透してきている。その一方で、米国先物市場を原材料コモディティのヘッジとして利用している立場の人たち、いわゆるヘッジャーによる自動売買プログラムの利用頻度は、投機的な売買目的の市場参加者のそれと比べて低く、またアルゴリズムに対する理解もあまり進んでいないように見受けられる。

自動売買プログラムの代表格である執行アルゴリズムについての詳細は専門書に任せるとして、ここではそれらの執行アルゴがプログラムされる際に前提としている取引所側の「マッチング・アルゴリズム(Matching Algorithm)」の一例を紹介したい。たとえばCBOTコーン先物市場において、ある限月の価格が637ビッド／637 1/4オファーであったとする。電子画面が表示している637ビッドの数量が200枚の時に、だれかが成り行き（at Market）で10枚の売り注文を出せば、売り値は637となるのだが、この10枚の売りは200枚のビッドを構成する買い手側でどのように配分されるものなのか。上場商品によっては単純にいちばん先に発注した人から順にFIFO（First In, First Out—先入れ先出し）で買えるものもあるが、CBOTの穀物先物市場では図のようなマッチング・アルゴリズムを採用しており、発注した時間順位の先頭者が10枚買えるわけではないのである。

図のように200枚の637ビッドが５社の買い手から構成されており、時間順位の先頭からＡ社40枚、Ｂ社80枚、Ｃ社20枚、Ｄ社50枚、Ｅ社10枚となっていた場合、まず①10枚の売りの40％に当たる４枚がFIFOによって先頭のＡ社へ割り当てられる。次に、残る196枚のビッドの②割合に応じて（Pro Rata）残りの６枚の売りが比例配分されるのだが、この際、買い注文のシェアが１枚に満たない買い手には配分されないため、この例ではＡ社に１枚、Ｂ社に２枚、Ｃ社を飛ばし、注文数量の多いＤ社が先に１枚買えることになるのである。次に②の比例配分で割り当てられなかった買い手に③平準化のために１枚ずつ売りが分配（1-Lot Leveling）されるため、ここでＣ社と最後尾のＥ社も１枚ずつ買えることになる。そして、ここまでの手順を経てもまだ残りの売りがあれば再び④FIFOで割り当てる、というのがCBOTの穀物先物市場におけるマッチング・アルゴリズムで、結果的に10枚の売りはＡ社５枚、Ｂ社２枚、Ｃ社、Ｄ社、Ｅ社に各１枚分配される。200枚中、最後尾でわずか10枚しか買い注文を出していなかったＥ社にも１枚とはいえ成り行きの売りが割り当てられるという事実からは、意外な印象を受ける人が多いかもしれない。

637ビッド200枚の時に“At Market”（成り行き注文）で10枚売ったケース

ビッド		オファー	
枚数	価格	価格	枚数
		637 3/4	106
		637 1/2	221
		637 1/4	318
200	637		
177	636 3/4		
145	636 1/2		

637ビッド内訳			①FIFO割当て	637ビッド残
時間順位	枚数	発注者ID	40%×10枚	枚数
1	40	A社	4	36
2	80	B社	0	80
3	20	C社	0	20
4	50	D社	0	50
5	10	E社	0	10
合計：	200		4	196

637ビッド内訳			②Pro Rata／比例配分（60%）			
時間順位	枚数	発注者ID	残数中のシェア	60%×10枚	切下げ	枚数
1	36	A社	÷196＝18.37%	×6＝	1.10204	1
2	80	B社	÷196＝40.82%	×6＝	2.44898	2
3	20	C社	÷196＝10.20%	×6＝	0.61224	0
4	50	D社	÷196＝25.51%	×6＝	1.53061	1
5	10	E社	÷196＝ 5.10%	×6＝	0.30612	0
合計：	196					4

③1枚平準化割当て	④FIFO	合計
（②の不参加者に）	（残あれば）	①～④
0	0	5
0	0	2
1	0	1
0	0	1
1	0	1
2	0	10

① FIFO－First In, First Out（先入れ先出し）：40%（×10枚の売り）＝4枚を、時間順位先頭に⇒A社が4枚の買い

② ProRata（比例配分）：60%（×10枚）＝6枚を、残りの637ビッド196枚に占める各社注文のシェアに応じて比例配分⇒A社が1枚、B社が2枚、D社が1枚の買い

③ 1-Lot Leveling（平準化目的の1枚割当て）（②で配分されなかった買い手のみが対象）⇒C社が1枚、E社が1枚の買い

④ FIFO（③を終了して残があった場合のみ）⇒③で全10枚の売り注文の分配は完了ずみ

そこで今度は、このマッチング・アルゴリズムに最も適応した執行アルゴリズムをプログラムすべく売買する側が頭をひねることになる。たとえば執行アルゴリズムでは、発注者が出した注文そのものの数量を「親注文（Parent Order）」として、それを小刻みに分けていくChild Order（子注文）を何枚にするのかが瞬間、瞬間の一つの重要なポイントになるのだが、図に示した例の状態で、もしＦ社が時間順位の６番目として637で買い注文を出すとしたら、成り行きの売り10枚からマッチング・アルゴにおける②の比例配分で１枚の買いを得るためには、まず何枚のチャイルドオーダーを637へ出しておくのが最適なのか。ペアレントオーダーの数量や、想定する売りのサイズ、取引する時間軸など前提条件が複雑なことは素人目にも明らかで、このようにしてクオンツ同士がその力量を競い合っているのが現代の米国先物市場なのである。

最低限必要なレギュラトリーリスク管理

米国先物市場は高度に規制された市場（Highly-Regulated Market）である。米国の清算FCMに先物口座を開設し、原材料コモディティのヘッジを先物取引所の上場商品で行おうとする市場参加者は、組織としても、また個人としてもレギュラトリーリスクをどのように管理していけばよいのだろうか。マーケットリスクとは異なり、レギュラトリーリスクにはそれをヘッジ（他者へ転嫁）するツールが当然ながら存在しないため、そのリスクを管理するために施す対策も必然的に真正面からの地道なものとならざるをえない。それは⑴認識し、⑵整備し、⑶更新（アップデート）していくことである。

まず、米国先物市場におけるレギュラトリーリスクの⑴認識とは、先物口座管理者とリスク管理者が（組織的に）このリスクの存在と重要性を十分に、かつ正しく認識することを意味している。本章の１で述べたCFTCのミッションステートメントが堅固なレギュレーションの目的として掲げている市場の①完全性、②弾力性、③活性（Integrity, Resilience, and Vibrancy）の促進、つまり①価格発見機能の保持、②買占め等の市場価格操作に対する耐性の維持、③米国先物産業の保護と発展、という三つのいずれかを阻害しうる行為を違法とする根本的な法規制のねらいからポイントが外れないように意識したい。そのうえで、三つのカテゴリーそれぞれにおいてCFTCや取引所から罰則の適用を受けるケースが多い違反行為をあらためて整理、列挙すると、①では事前の売買アレンジや個別の価格交渉、ウォッシュトレードなどの仮装売買、終値関与やスプーフィングなどの妨害取引、そして市場操作とみなされる情報の発信などがその代表例となる。②では、違反者に故意がなくても罰せられる厳格責任のポジションリミットが最も重要で、連邦レベルと取引所レベルという二重の建て付けを理解したうえで、自社が取引する上場商品におけるスポット限月、単一限月、全限月合計のポジション制限数量を正確に認識することに加え、ヘッジ免除枠の必要性の判断と申請準備、さらにはグループ企業間におけるポジションの統合規制に関しても正しい認識が必要である。また③においてはブロック取引に加えて、原材料コモディティをヘッジする目的の市場参加者にとって必要不可欠なEFRP取引に関するレギュレーションとルールの理解が何よりも大切で、かつ定期的に取引所から証拠書類の提出を求められることになるという「認識」も口座、およびリスク管理者にとっては常識である。

　では、このような認識の上に立って何をどのように⑵整備すべきなのか。この段階も大きく三つに分けることができる。まず前述⑴のなかには組織として(A)仕組みの整備が必要な項目がある。たとえば、社内でウォッシュトレードが行われたかどうかを検知する仕組み、社員が発信した情報に市場操作とみなされるメッセージが含まれていた場合にアラートが出る仕組み、保有ポジションがリミットへ抵触する前に警鐘を鳴らす仕組み、将来ヘッジ免除枠の申請が必要になった場合に備えて現物ポジションの月次データを蓄積しておく仕組み、必ず定期的に提出が求められるEFRP取引の証拠書類を記録保管しておく仕組み、などである。これらの仕組みを組織内で整備した後に必要になるのが(B)社内ポリシーの整備である。JPモルガン・チェースのスプーフィング事件において罰金920百万ドルの背景に監督不行届という理由があったと述べたように、会社として認識したレギュラトリーリスクに対処するために整備した仕組みを従業員に対して文書により知らしめることが組織（および個人）を守るためには必要であり、社内ポリシーはそのための文書ということになる。このポリシーには米国先物市場における法規制の概要と主な違法行為、それらを防止するために会社が整備した仕組み、先物市場にかかわる従業員の行動指針、ならびに業務マニュアルとなる内容が含まれているべきである。その後に来る三つ目の整備が(C)啓蒙で、策定した社内ポリシーを従業員に配布し、受領書の提出を求めるところから啓蒙が始まる。そのうえで、米国先物市場にかかわる従業員を対象として定期的にセミナーやウェビナーを実施したい。外部の専門家講師を招くなどして組織的なトレーニングを行うことは、対象となる従業員のレギュラトリーリスクへの理解と自覚を高めるだけではなく、それを定期的に実施すること自体が、万が一の事態が生じた際にCFTCなどの法執行機関から組織を守るうえで役立つことになるからである。

このようにしてレギュラトリーリスクを認識し、その社内管理体制を整備した後は、それらを(3)更新していかなければならない。米国の先物市場そのものが目まぐるしい速度で変化し続けるなか、それに関連する法やレギュレーション、取引所のルールも当然ながら日進月歩である。また、CFTCが民間企業である先物取引所への権限移譲を進めるなど、規制にもその時々のトレンドがある。前述した社内の仕組みやポリシーを常に最新の状態に更新していくという整備はもちろんのこと、今CFTCや取引所が何を規制や罰則の最も重要なターゲットにしているのかといった情報のアップデートは非常に重要である。たとえば、前述したCMEのエムラン（MRANs）などは、先物口座やリスクの管理者のみならず、米国の先物市場にかかわる従業員全員が自己責任で頻繁に閲覧してレギュラトリーリスクに対する理解を「更新」していかなければならない性質のものである。

そして最後に、米国先物市場のレギュラトリーリスク管理において最も身近なアドバイザーであり、また重要なパートナーとなりうるのが先物口座を開設する先の清算FCMであるということを強調しておきたい。清算FCMはCFTCへの登録金融機関であり、取引所クリアリングハウスの会員である。清算FCMのコンプライアンス部門はCFTCとも取引所とも頻繁にコミュニケーションをとる関係にあるため、当然ながら法規制やルールを執行する側の情報に一般の市場参加者よりも深くアクセスすることができ、また多くの顧客を抱えていることもあって、レギュレーションの潮流の変化や注意しなければならないポイントなども日々身をもって感じている。さらには、前述した社内ポリシーの整備やセミナーの実施の支援者、あるいは法規制で万が一トラブルに見舞われた際には、顧客側にとって前線の守備役となるだけではなく、先物専門の法律家への橋渡し役にもなりうる。そのような最良のビジネスパートナーとなるべき清算FCMへの問合せが、「御社が破綻した場合に預託証拠金は返還されますか」といった内容ではあまりに的外れなのである。本書が米国コモディティ先物口座の管理者にとって、清算FCMに先立って有用な知識を提供することができたことを願いつつ、最後に清算FCMが有力なパートナーであることを強調し、筆を置くことにする。

米国先物関連用語一覧

本文中にアルファベットで記載した原語の対訳と解説

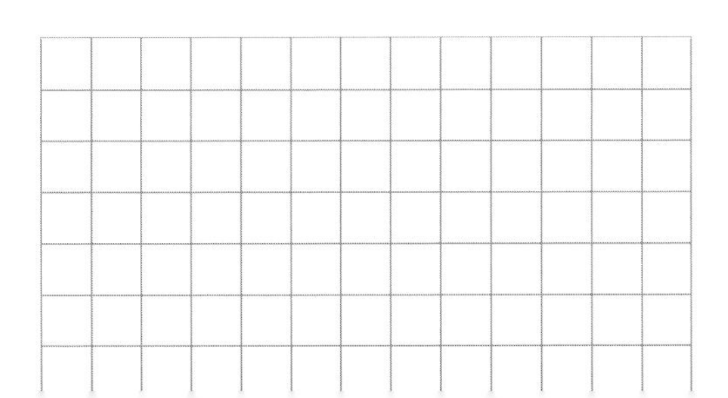

【AA】

Against Actualsの略でEFPの通称。現物（Actuals）に対して、という意味が語源で、ニューヨークのコモディティ市場で使われることが多い。

【Account Forms】

米国でFCMに先物口座を開設する際に記入・提出が必要な口座開設書類一式の総称。リスク開示書類、口座開設申込書、先物口座契約書などで構成される。

【Account Value at Market】

先物口座全体の市場価値。総資産額（Total Equity）に未実現損益を含むオプションの市場価値を加えた時価総額。Net Equityとも呼ばれ、清算FCMの破綻時にはフェロー顧客リスクの負担割合を決める金額となる。

【Active Month】

活発限月。米国の先物市場では最も出来高、取組高が多い限月が、残り日数の最も短い期近限月である場合がほとんどである。

【Adjusted Net Capital】

純資本要件。CFTCに登録している先物ブローカーが常に維持しなければならない金額で、FCMでは１百万ドル。スワップディーラーで20百万ドル。紹介ブローカー（IB）で45千ドルなどと決められている。

【Aggregation Rules】

ポジション統合規則。原則として10％超のオーナーシップ、あるいは株式を保有している関連企業のポジションは、自社ポジションと統合されて単一のポジションリミット対象になるというCFTCレギュレーション。

【All-Months-Combined Limit】

全限月合計リミット。CFTCがレガシー農産品の９市場に対してのみ設定している全限月合計のポジション数量制限（連邦ポジションリミット）。

【AOCI】

Accumulated Other Comprehensive Incomeの略。その他の包括利益累計額。米国会計基準のキャッシュフローヘッジをヘッジ会計処理する際、包括損益計算書で計算した（先物などの）ヘッジ手段に係る当期のデリバティブ評価損益を、ヘッジ対象の損益が認識されるまで計上しておく貸借対照表の純資産の部の項目。株主資本とともに自己資本を構成する。

【Articles of Incorporation】

基本定款。米国での会社設立時に州へ提出する文書で、その組織と事業活動に関する根本原則を定めたもの。FCMに先物口座を開設する際にも、その他の口座開設必要書類の一つとして提出が求められる。

【At Market】

成り行き（注文）。その時のオファー（売り唱え値）での買い、あるいはビッド（買い唱え値）での売り。最初からビッドとオファーの価格差を放棄することになる積極的な注文。

【Audited Financials】

監査ずみ財務諸表。FCMへの先物口座開設時に必ず提出を求められる。

【Authorized Trader】

トレード権限者。FCMへの先物口座開設時に申請者は口座開設申込書のなかで、トレード権限を与える従業員の氏名を全員列挙することになり、開設後も変更があれば遅滞なく情報を更新していかなければならない。

【Backwardation】

バックワーデーション。Inverse（インバース）とも呼ばれる。商品先物市場における限月間の価格カーブで、期先よりも期近のほうが高くなっている状態。短期的な供給不安が要因であると解釈されることが多い。

【Banging the Close】

終値関与。取引時間の終了直前（Closing Period）に先物市場の価格形成秩序を実質的に破壊するような大量の売買を発注、執行する妨害取引。

【Bankruptcy Code】

連邦破産法。企業倒産や個人破産の処理手続を定めた米国の連邦法。

【Base Products】

CMEクリアリングが顧客資産保全のデフォルトウォーターフォールズを設定している商品グループの一つ。顧客分離口座にその預託資産が保管される上場先物商品群で、金利スワップのグループとは区別される。

【Basis】

ベーシス価格＝現物価格（キャッシュ）－先物価格（フューチャーズ）と定義される。

【Block Trade】

ブロック取引。米国先物市場で例外として認められている市場外取引の一つで、取引所が定めたルール・条件のもとで相対によって成立させた売買を、取引所のクリアリングハウスへポスティング（持ち込み）することにより、そのポジションは先物取引として清算されることになる。

【Bona Fide Hedging】

正真正銘のヘッジ。連邦ポジションリミットを超過することが例外的に認められるヘッジポジションの定義。その場合、市場参加者は当該商品を上場する取引所にヘッジ免除枠（Hedge Exemptions）を申請する。

【Business Conduct Committee】

CMEの事業運営委員会。取引所ルールの違反者に対して最高規制責任者が罰金などの懲罰措置（Disciplinary Action）を執行する際の「パネル」。

【Call Option】

コールオプション。先物などの原資産をあらかじめ決められた価格で期限内に買うことができる権利。先物による買いヘッジの代替となる。

【Carry】

Contango参照。

【Cash】

現物。対象を「先物（フューチャーズ）」と区別する際に使われる語。

【Cash Flow Hedge】

キャッシュフローヘッジ。米国会計基準で分類されるヘッジ取引の一つ。保有する資産、負債からの発生が見込まれるキャッシュフローをヘッジする取引で、ヘッジ目的が完了するまでは（先物などの）ヘッジ手段から発生した損益も貸借対照表上に計上しておくことになる。

【CBOE】

Chicago Board Options Exchange―シカゴ・オプション取引所。米国最大の現物オプションの取引所で、SEC（米証券取引委員会）の管轄下。CFTC（米商品先物取引委員会）管轄下にある先物取引所ではない。2017年にCBOE Options Exchangeへと名称を変更した。

【CBOT】

Chicago Board of Trade―シカゴ商品取引所。2007年にCME Groupによって買収され、その傘下の取引所の一つとなった。上場している主な先物商品にコーン、小麦、大豆などの伝統的な農産品、および米国債がある。

【CCP】

Central Counterparty Clearing Houseの略。欧州における清算機構の呼称。

【CEA】

Commodity Exchange Act—商品取引所法。1936年に制定された連邦法で、米国の商品先物市場を司る法律。この法のもとでCFTCはレギュレーションを定める権限と、法執行措置の権限を与えられている。

【Certified Resolution】

認証ずみ決議書。Corporate Secretary（法人書記役）によって認証された取締役会の決議書で、先物口座を開設する先のFCMが新規口座開設申請者に必ず求める「その他の必要書類」の一つ。当該FCMへの先物口座開設が申請者側の取締役会によって正式に決議されている旨を示す証拠。

【CFTC】

Commodity Futures Trading Commission—商品先物取引委員会。1975年に設立された連邦の独立機関で、先物などデリバティブ取引全般に関するレギュレーションの制定と、法執行の権限をもつ（Law Enforcement）。

【CFTC Division of Enforcement】

CFTC法執行部。商品取引所法、およびCFTCレギュレーションに対する違反を探知、捜査し、その違反者を処罰する部門。

【CFTC Regulations】

CFTCレギュレーション。商品取引所法でCFTCが定める権限を与えられている規制のこと。定められたレギュレーションは連邦法の一部となる。

【Chief Regulatory Officer】

最高規制責任者。CMEで取引所ルールの違反者に対して事業運営委員会（Business Conduct Committee）の名のもとで懲罰措置を執行する役員。

【Child Order】

チャイルドオーダー。子注文。もともとの親注文（Parent Order）から執行アルゴリズムの最適化判断によって自動的に細分化された小口注文。

【Cleared Swaps】

清算スワップ。CFTCに登録されたDCO（デリバティブ清算機構）で清算されるOTC（主に金利）スワップ。

【Cleared Swaps Customer Account】

清算FCMが清算スワップに係る顧客資産を分別管理する口座。顧客分離口座（Customer Segregated Account）の顧客資産と混蔵してはならない。

【Clearing Broker】

清算FCM。クリアリングFCMと同義。

【Clearing FCM】

清算FCM。CFTCに登録しているFCM（Futures Commission Merchant）のなかで、清算機構の会員でもあるFCMをクリアリングFCM、クリアリングブローカー、清算ブローカー、クリアリングメンバーなどと呼ぶ。

【Clearing Fee】

クリアリングハウスの清算業務に係る顧客負担コスト。

【Clearing House】

清算機構。先物取引所の一部門とみなされるが、正式には別の法人名でCFTCにDCO（Derivatives Clearing Organization）として登録している。欧州ではCCP（Central Counterparty Clearing House）と称されることが多い。

【Clearing Margin】

清算証拠金。クリアリングハウスの会員である清算FCMが同取引所の清算機構へ預託する証拠金。先物口座をもつ顧客が顧客証拠金を預託したか否かにかかわらず、FCMは清算機構への清算証拠金預託義務を負う。

【Closing Period】

取引所が清算値の決定にその価格を用いる時間帯。ピットの時代のいわゆるクロージングセッションという概念は電子取引世界には存在しない。

【CME】

Chicago Mercantile Exchange—シカゴ・マーカンタイル取引所。伝統的な畜産品先物から金利、株価指数、通貨へと上場商品を拡大し、2007年にライバルのCBOTを実質的に買収することでホールディングカンパニーのCME Group Inc.が米国最大の先物取引所運営会社となった。そのため、厳密にはCMEはCME Group傘下の四つの取引所の一つだが、多くの場合CME Group全体を指す意図でCMEは米国最大の先物取引所と称される。

【CME Clearing】

CMEグループの清算機構。Chicago Mercantile Exchange, Inc.という社名でCFTCにDCO（デリバティブ清算機構）として登録している。

【CME Globex】

CMEグループの電子取引システム。1992年にCMEが運用を開始した先物、先物オプションの電子取引プラットフォームで、現在ではCME傘下以外の取引所に上場されている先物商品もGlobex上で取引されている。

【CME Group Inc.】

CME、CBOT、NYMEX、COMEXの四つの商品先物取引所を運営するホールディングカンパニーで、ナスダック上場企業。

【Collateral】

担保。カウンターパーティーリスクを伴うフォワードやスワップなどの相対デリバティブ取引において売買の相手方へと差し入れる資産。

【Combined Risk Disclosure Statement】

統合リスク開示書類。先物口座を開設する際に、FCMが申請者に対して配布を義務づけられている複数のリスク開示書類を一つにまとめた文書。

【COMEX】

Commodity Exchange—コメックス（ニューヨーク商品取引所）。NYMEXの一部門であったが、2008年にCME Groupに買収され、その傘下の取引所の一つとなった。主な上場商品は金、銀、銅などのメタル先物。

【Commercial】

コマーシャル。商業筋。CFTC建玉明細（COT Report）における分類項目で、保有ポジションがレポータブルレベルに達した市場参加者のなかでヘッジャーであると結論された参加者（およびその保有ポジション）。

【Commercially Reasonable】

商業的にリーズナブル。EFRPやブロックなどの市場外取引において相対交渉で決定される先物価格に関し、取引所が定めている条件の文言。

【Commission】

FCMに対して顧客が支払う先物、オプション１枚単位での委託手数料。これに執行ブローカー、取引所、清算機構、および全米先物協会（NFA）に対する手数料（Fees）を加えた額が顧客にとっての取引コストとなる。

【Commodity Exchange Authority】

商品取引所局。CFTCの前身。1947年に米国農務省によって設立された。

【Confirmation】

コンファメーション。FCMが発行するデイリーステートメントの冒頭において、当日の入出金、新規トレード、ポジションのトランスファーやオフセット、前日の訂正など、その日に当該先物口座でとられたすべてのアクションと、生じたすべての変化が記載される欄。

【Conflict of Interest】

利益相反。FCMへの先物口座開設書類を構成するリスク開示書類のなかにも、顧客注文に対してFCMの関係会社が売買の相手方となる場合など、潜在的な利益相反の可能性をリスク開示する文書が含まれている。

【Contango】

コンタンゴ。Carry（キャリー）ともいう。商品先物市場における限月間の価格カーブが、金利や保管料を反映して期近よりも期先が高い状態。

【Contract Code】

契約記号。先物をＥメールなどで発注する際に用いられるアルファベット１～３文字と数字との組合せからなる特有のコード。上場商品ごとに決められている商品記号（Product Code）と限月記号（Month Code）、および年記号（Year Code）の三つのコンビネーションにより表記される。

【Contract Unit】

売買単位。取引単位。取引所によって標準化された上場先物商品１契約（１枚）当りの数量。NYMEXのWTI原油で1,000バレル、COMEXの金では100トロイオンス、CBOTの穀物先物では5,000ブッシェルなど。

【Corporate Secretary】

法人書記役。株主総会、および取締役会の議事録作成の責任を負い、保管義務がある書類の管理や認証を行う。FCMへの先物口座開設時に提出が求められる取締役会の決議書（Certified Resolution）も、口座開設者が米国企業の場合は、この法人書記役に認証されていなければならない。

【COT Report】

Commitments of Traders Report—コミットメンツ・オブ・トレーダーズ・レポート。建玉明細と訳される。CFTCが毎週火曜日の取引終了時点のポジションを集計し、金曜日の米国東部時間午後３時半に公表している。

【Cross Trade】

クロストレード。それぞれ独立した判断のもとで発注した同一企業内の売りと買いとが取引を成立させてしまった場合、ウォッシュトレードを行う故意（Intent）がないと証明できれば、違法取引とはならない。

【CSA】

Credit Support Annexの略。スワップなどの相対取引で、追加担保の差入条件などをあらかじめ定めておく契約。ISDAマスターに準じるのが通例。

【CSCE】

Coffee, Sugar and Cocoa Exchange—コーヒー・砂糖・ココア取引所。1998年にNYCE（ニューヨーク綿花取引所）と合併してNYBOT（ニューヨーク商品取引所）となるが、2007年にICEによって買収された。

【Currency Futures】

通貨先物。CMEに上場されているFX Futures（FX先物）の旧称。

【Customer Account Form】

口座開設申込書。New Account Applicationのような別名称の場合もある。FCMに先物口座を開設する際の申請書で、申請者に係る基本情報のほかに、ヘッジか投機かの区分、銀行口座や取引者の登録などを行う書類。

【Customer Gross Margining】

清算FCMからクリアリングハウスに対する（顧客）証拠金のグロスでの預託。ドッド・フランク法のもとで2013年１月から義務づけられたもので、それ以前はネット証拠金預託（Net Margining）が認められていた。

【Customer Margin】

顧客証拠金。取引所の清算機構が定めた清算証拠金（Clearing Margin）を上回る額で、清算FCMが自らの顧客に対して預託を要求する証拠金。

【Customer Secured Account】

CFTCレギュレーションにより、清算FCMが米国からみた海外先物、およびオプションに係る顧客資産を分別管理するために開設する口座。ただし、同FCMが破綻した際にはSecured口座の顧客資産は連邦破産法の法域外となるため、資産保全の仕組みは当該国の法律に従う。

【Customer Segregated Account】

顧客分離口座。米国の清算FCMが顧客資産を自社の資産から分離すべく銀行や信託会社に開設する口座で、連邦破産法（Bankruptcy Code）ではFCMが破綻した際に顧客分離口座の顧客資産が、ほかの債権者からの請求に優先して顧客へ弁済される旨が定められている。

【Data Investigations Team】

CMEのデータ調査チーム。市場規制部門（Market Regulation Department）に属し、取引データの正確性を確認し、異常値を検知して捜査する。

【DCO】

Derivatives Clearing Organization—デリバティブ清算機構。米国で取引所の清算機構（クリアリングハウス）がCFTCへ登録する際のステータス名。

【Default Waterfalls】

CMEクリアリングが清算FCMの破綻に備え、ベース商品と呼ばれる上場先物商品と、相対の金利スワップという二つのグループにそれぞれ設定しているフィナンシャルセーフガードで、何段にも連なった滝のかたち。

【Deliverable】

原資産の現物受渡しが可能な（上場先物商品）。多くのコモディティとは異なり、金融先物では差金決済（Cash-Settled）される商品が多い。

【Delta】

デルタ。先物など原資産の価格変動に対するオプション価格の変化率を意味し、ギリシャ文字Δで示す。先物に換算したポジションの数量。

【Deposition】

デポジション。証言録取。米国の民事訴訟におけるプロセスで、公判前に法廷外で当事者や第三者を宣誓させたうえで尋問し、証言を録取する。

【Disaggregated】

CFTCのポジション統合規則（Aggregation Rules）への例外として、独立の意思決定と管理が行われていることを条件に、関係会社間で認められる先物ポジションの非統合。個々にポジションリミットが利用できる。

【Disaggregated Report】

分解型（COT）レポート。2008年の金融危機後、CFTCがスワップディーラーなどの新カテゴリーを加えて2009年に発表を開始した建玉明細。

【Disciplinary Action】

懲罰措置。CMEなどの取引所が、ルール違反者に対して執る罰則措置。

【Disclosure Booklet】

（リスク）開示小冊子。先物口座開設の際にFCMが顧客に対して配布を義務づけられている複数のリスク開示書類を一つにまとめた小冊子。

【Disruptive Trading】

妨害取引。ドッド・フランク法によって明確に禁じられたスプーフィング（Spoofing）や、終値関与（Banging the Close）などがこれに該当する。

【Dodd-Frank Wall Street Reform and Consumer Protection Act】

通称ドッド・フランク法（ドッド＝フランク・ウォール街改革・消費者保護法）。2008年の米国の金融危機を受けて2011年に成立した包括的な金融制度改革法で、システミックリスクにつながりうる相対（OTC）取引を含む広範囲な金融・デリバティブ取引に対する規制が強化された。

【EFP】

Exchange for Physical、あるいはExchange of Futures for Physicalの略。個別交渉により相対で行われる市場外の先物として例外的に認められている取引の一つで、現物商品（Physical）取引に呼応する先物ポジションの交換（Exchange）ともいえる。背景となる現物取引の売り手がEFPでは先物の買い手となり、逆に現物の買い手がEFPで先物の売り手となる。VS Cash（バーサスキャッシュ）、またはAA（Against Actuals）とも呼ばれる。

【EFR】

Exchange for Risk、あるいはExchange of Futures for Riskの略。フォワードやスワップなどのOTC取引と反対方向の先物とを交換する市場外先物取引で、以前はEFS（Exchange for Swaps）とも呼ばれていた。

【EFRP】

Exchange for Related Positionsの略。反対方向で別の取引が存在することを条件として各取引所が例外的に認めている相対交渉による市場外の先物取引。CME ではEFP（Exchange for Physical）、EFR（Exchange for Risk）、およびEOO（Exchange of Options for Options）の３種類が認められている。

【Electronic Trading and Order Routing Systems Disclosure Statement】

FCMが先物口座開設者へ配布するリスク開示書類の一つで、電子注文における経路制御などを含む電子取引に特有のリスクを開示する文書。

【Ending Balance】

当日現金残高。先物口座においてOpen Trade Equity（値洗損益）とあわせて総資産額（Total Equity）を構成する要素。負の金額でも問題はない。

【Enforcement Action】

法執行措置。CFTC法執行部（Division of Enforcement）による罰則措置。

【Enforcement Team】

CMEの執行チーム。市場規制部門（Market Regulation Department）に属し、捜査・摘発された違反者に対して調停による解決を試みる。

【EOO】

Exchange of Options for Optionsの略。OTCのオプション取引と反対方向の先物オプションのポジションとを交換する市場外取引。EFRPの一つ。

【Eurex】
フランクフルトに拠点を置く欧州最大のデリバティブ取引所。2004年にCBOTの清算機構を買収して米国に設立したEurex USは2006年に売却。

【Excess Net Capital】
余剰純資本。FCMなどの先物ブローカーの純資本額のうち、CFTCにより定められた純資本要件を上回っている金額。FCMの財務体力の目安。

【Exchange Fee】
取引所手数料。民間の上場企業である各先物取引所は、上場商品、取引の種類や数量、会員ステータスなどによって細かく料率を定めている。

【Exchange Rules】
取引所ルール。米国の商品取引所法（CEA）とCFTCレギュレーションに従って、民間企業である各取引所が独自に設定する先物市場の規則。

【Exchange-Set Limits】
取引所ポジションリミット。CFTCが定めた連邦ポジションリミットの範囲内で取引所が独自設定する上場先物商品のポジション数量制限。

【Exchange-Traded】
取引所に上場されている、という意の形容詞。先物がその代表格だが、ETF（Exchange-Traded Fund—上場投信）なども一般的な金融商品である。

【Executing Broker】
執行ブローカー。CFTCへの登録ステータスではなく、ギブアップ契約上の呼称。または顧客注文の執行を担当するブローカー全般を指す。

【Executing Fee】
執行手数料。執行ブローカーがチャージする取引数量単位の手数料。

【Execution Algorithm】
執行アルゴリズム。発注された親注文（Parent Order）の条件に基づいてコンピュータが子注文（Child Order）のタイミングや数量を決めて自動的に売買を執行していくプログラム。

【Expiration Date】
満期日。オプションの納会日。

【Ex-Pit】
ピットの外、つまり市場外という意味で、EFPに代表されるEFRP取引やブロック取引などを含む、相対による市場外先物取引全般の通称。

【Failure to Supervise】

監督不行届。従業員の違法行為を防止することができなかった雇用主に対してCFTC法執行部が罰則を科す罪状で、近年増加傾向をたどっている。

【Fair Value Hedge】

公正価値ヘッジ。米国会計基準が分類するヘッジ取引の一つ。保有する資産、負債の公正価値をヘッジする取引で、ヘッジ対象と（先物など）ヘッジ手段の損益認識をともに期末のたびに行う。このいわゆる「時価ヘッジ」会計は、日本会計基準では例外的に「その他有価証券」にのみ適用可。

【FCM】

Futures Commission Merchant―先物ブローカー。日本でいう商品取引員で、CFTCへの登録金融機関。清算FCMと非清算FCMとに区分される。

【Federal Position Limits】

連邦ポジションリミット。2020年11月にCFTCが更新した計25の先物商品に対するポジション数量制限。各取引所は同数量を超えない範囲で独自の取引所ポジションリミット（Exchange-Set Limits）を設定することができる。

【Fees】

米国の先物、オプション取引において、執行ブローカー、取引所、清算機構、および全米先物協会（NFA）に対して顧客が支払う1枚単位の手数料で、これにFCMへのコミッションを加えた合計額が取引コストとなる。

【Fellow Customer Risk】

フェロー顧客リスク。清算FCM破綻時に、原因となったデフォルト顧客と同じFCMに先物口座をもっていた健全な顧客へ皺寄せが及ぶリスク。

【FIA】

Futures Industry Association―米国先物業協会。先物口座の所有管理者報告書提出の際に使われるウェブサイト（FIA OCR）を管理、運営している。

【FIA OCR】

CFTCによって義務づけられている先物口座の所有管理者報告書（OCR）の提出を行う際に利用されるウェブサイト。そこで市場参加者はIDを取得し、先物口座を開設する先のFCMへ通知しておく必要がある。

【Fictitious Trade】

仮装売買。CFTCが禁じているウォッシュトレードに代表される違法な取引で、あたかも競争市場で成立したかのように仮装した非競争取引。

【FIFO】

First In, First Out—先入れ先出し。時価主義会計の米国において、先物口座のなかのロングとショートは通常先入れ先出しで順次相殺されていく。

【FinCEN】

Financial Crimes Enforcement Networkの略。米国財務省下の金融犯罪取締ネットワーク部局で、FCMへの先物口座開設時に一連の書類を準備した責任者の個人情報は、口座開設申請企業の大口株主のそれとともにFinCENへ提供されることになる。

【First Notice Day】

初回受渡し通知日。FNDとも略される。原資産の現物による受渡しが可能（Deliverable）な上場先物商品における受渡し期間の初日。この日の前日の取引終了時点で残っていたロングポジションは、清算機構から当該原資産コモディティのデリバリー通知を受ける可能性がある。

【Fixed Price】

固定価格。スワップの売りにおいて変動価格を支払うかわりに受け取る価格。決済時に変動価格＜固定価格となっていれば利益が発生する。

【Fixed-Priced Commodity】

Priced Commodity参照。

【Flash Crush】

フラッシュクラッシュ。瞬間的な市場価格の急落。高頻度取引（HFT）と呼ばれるアルゴリズム取引等に要因があるとされるが、2010年５月の米国株式市場におけるFlash Crushでは、CMEのE-Mini S&P 500 Index先物市場におけるスプーフィングの事実が後年になって明らかになった。

【Floating Price】

変動価格。スワップの買いにおいて固定価格を支払うかわりに受け取る価格。決済時に変動価格＞固定価格となっていれば利益が発生する。

【Foreign Trader Disclosure Statement】

FCMが先物口座開設者へ配布するリスク開示書類の一つで、米国外から米国のFCMに先物口座を開設しようとする顧客に対して、開設後に適用されるCFTCのレギュレーションを概要した文書。

【Forward】

フォワード。先渡取引。将来の特定日に特定の価格で特定の資産を取引するという相対契約。カウンターパーティーリスクを伴い、レバレッジはなく、含み損益も発生するが、取引条件の柔軟さが利点。外国為替予約がその代表格で、外国為替「先物」予約とも呼ばれるため、それがフォワードとフューチャーズとの混同を生む要因にもなっている。

【Forward Pricing】

フォワードプライシング。将来の特定日に特定の価格で特定の資産を取引するという機能。先物とフォワード、およびスワップにも共通する。

【Futures】

フューチャーズ。先物取引。含み損益を生まない取引で、取引所に上場されている標準化された先物契約を、少額の証拠金預託による高いレバレッジで売買する仕組み。クリアリングハウスを通じて日々の損益を現金清算するため、カウンターパーティーリスクも伴わない。

【Futures Account Agreement】

先物口座契約書。Futures Customer AgreementなどのようにFCMによって名称が異なる場合もある。口座開設書類一式を提出後、FCMの審査部門による承認を得て、顧客とFCMとが締結する先物口座開設の契約書。

【Futures Swap】

決済時の変動価格として上場先物商品の清算値を用いるスワップ取引。

【Futures-Type Settlement】

先物タイプの清算方法。すべてのポジションの値洗損益を、反対売買されていなくても、毎日のセトルメント価格で現金清算（Mark-to-Market）することにより、含み損益をいっさい持ち越さない清算の方法。実質的に先物のポジションはすべて毎日の清算値で再建玉されていくことになる。

【FX Futures】

CMEに上場されているFX先物。旧称はCurrency Futures（通貨先物）。

【GAAP】

Generally Accepted Accounting Principlesの略。米国会計基準。ヘッジ取引を公正価値ヘッジ（Fair Value Hedge）とキャッシュフローヘッジ（Cash Flow Hedge）の二つに分類し、それぞれに応じたヘッジ会計処理のガイドラインを定めている。

【Gamma】

ガンマ。先物など原資産の価格変動に対するオプションのデルタの変化率。ギリシャ文字のΓによって示される。デルタのデルタともいう。

【Give-Up】

顧客から先物注文を受けた執行ブローカー（Executing Broker）が、執行後にそのポジションを、顧客が口座をもつ清算FCMへ引き渡すこと。

【Give-Up Agreement】

ギブアップ契約。先物の顧客と清算FCM、執行ブローカー（Executing Broker）との三者間契約。米国先物業協会（FIA）のInternational Uniform Brokerage Execution Service Agreementを用いて締結することになる。

【Globex】

CME Globex参照。

【Good Faith Deposit】

誠意を示すための預託金。先物取引における証拠金、マージンの定義。

【Grain Futures Act】

穀物先物法。1922年に制定された米国連邦法で、1936年に商品取引所法（Commodity Exchange Act）へと改定された。

【Greeks】

グリークス。ギリシャ文字という意味で、デルタΔ、ガンマΓ、セータθ（およびベガ）などによって表されるオプションリスク指標の総称。

【Hedge】

ヘッジ。他者へリスクを転嫁する行為。保険つなぎ、などと訳される。

【Hedge Account】

ヘッジ口座。市場参加者の主たる先物取引の目的が現物商品のヘッジであれば、口座開設申込書においてFCMにヘッジ口座としての開設を申請する。これによって当初証拠金額が維持証拠金と同額へ減額される。

【Hedge Exemptions】

ヘッジ免除枠。現物コモディティのヘッジ目的でポジションリミットを超過する数量の先物ポジションを保有することになる市場参加者が、事前に取引所に承認を求め、取得しておく必要がある免除枠。

【HFT】

High Frequency Trading—高頻度取引。ミリ秒単位で瞬間的な売買を繰り返すアルゴリズム取引。時にFlash Crushを引き起こす要因と考えられる。

【Highly-Regulated】

高度に規制された。米国先物市場を表現する際に使われる複合形容詞。

【ICE Futures US】

Intercontinental Exchange, Inc.（ICE）傘下の米国先物取引所で、2000年に設立されて以来、2007年のNYBOT（ニューヨーク商品取引所）買収などによって成長し、CME Groupと並んで米国の二大先物取引所となった。親会社のICEは2013年にニューヨーク証券取引所を傘下に収めている。

【IFRS】

International Financial Reporting Standardsの略。国際財務報告基準。世界的に広く採用されている国際会計基準で、先物などのデリバティブ取引に関しては米国会計基準（GAAP）と同様のヘッジ会計処理が用いられる。

【Implied Volatility】

インプライド・ボラティリティー。その時のマーケットがオプションの価格に反映（Implied）させている将来の原資産の価格変動率。原資産に対する期待・不安価値の高さをオプション市場がどのように判断しているのか、その時点のコンセンサスを表したバロメーターともいえる。

【Index Trader】

指数トレーダー。CFTCの建玉明細において、2006年から発表され始めた補足版（Supplemental）レポートに導入されたレポータブルのカテゴリーで、いわゆるインデックス（指数）ファンド（およびその保有ポジション）。

【Initial Margin】

当初証拠金。IMとも略される。契約履行の誠意を示すために、先物ポジションの建玉前に市場参加者が先物口座へ入金する預託金。ヘッジ口座では維持証拠金（MM）と同額、スペック口座ではMMの130％前後の金額となる。上場先物商品の限月やスプレッド単位で取引所の清算機構がレートを設定しており、それらは市場価格の変動で適宜更新される。

【Intrinsic Value】

オプションの本質的価値。コールオプションであれば原資産価格－権利行使価格、プットオプションであれば権利行使価格－原資産価格が本質的価値で、言い換えると、その時のオプション価格（プレミアム）から時間的価値を差し引いた残りが（あれば）本質的価値となる。

【Introducing Broker】

紹介ブローカー。IBと略される。顧客をFCMに紹介し、売買注文の執行を担う先物ブローカー。CFTCへの登録要件はFCMのそれよりも低い。

【Inverse】

Backwardation参照。

【Investigations Team】

CMEの捜査チーム。市場規制部門（Market Regulation Department）に属し、ウォッシュトレードなどの仮装売買、スプーフィングなどの妨害取引の検知と捜査を行う。市場参加者へのインタビューも実施する。

【ISDA】

International Swaps and Derivatives Association—国際スワップ・デリバティブ協会。スワップなどの相対取引は通常ISDAマスター契約（ISDA Master Agreement）に準じた内容の相対契約となる。

【KYC】

Know Your Customerの略。顧客の素性や適性、リスクを知るためのガイドラインで、米国ではマネーロンダリングやテロリズム防止などの観点からすべての金融サービス機関にそのプロセスが義務づけられている。

【Last Notice Day】

最終受渡し通知日。先物ショート保有者がFCMを通じて取引所の清算機構に受渡し通知（Notice of Intention to Deliver）を提出できる最終日。

【Last Trading Day】

最終取引日。LTDとも略される。上場先物商品が市場で取引される最後の日で、最終日の取引を終えることは“Going off the Board”と表現される。

【Legacy Agricultural Contracts】

2020年のレギュレーション改正以前からCFTCによって連邦ポジションリミット（Federal Position Limits）が設定されていた農産品先物9市場。

【Legacy Report】

CFTC建玉明細の従来型レポート。1986年に発表が始まったコミットメンツ・オブ・トレーダーズ・レポート（Commitments of Traders Report）の原型で、大口市場参加者を商業筋と非商業筋の2種類に区分した報告。

【Lehman Brothers, Inc.】

リーマン・ブラザーズ傘下の清算FCMで、バークレイズ・キャピタルによって買い取られた。

【Liquidity Provider】

流動性供給者。先物市場におけるスペキュレーター（投機家）の役割。

【Long Futures】

先物買い。ロングスワップと同じ経済効果を生む先物ポジション。

【Long Hedge】

買いヘッジ。加工業者や最終需要家が、購入する商品の価格上昇リスクを他者へ転嫁する行為。先物の買い、コールオプションの買いなど。

【Long Swap】

スワップの買い。固定価格（Fixed Price）を支払うかわりに変動価格（Floating Price）を受け取るという売買契約。先物買いの代替となる。

【LSOC】

Legal Segregation with Operational Commingling—法律上分離で実務上混蔵。CFTCが2012年に清算スワップ顧客口座へ導入した仕組みで、一部顧客のデフォルトによって清算FCMが破綻した場合も、清算スワップ顧客口座の不足額にほかの健全な顧客の資産を充当することができなくなった。

【Maintenance Margin】

維持証拠金。MMと略される。先物口座の総資産額（Total Equity）がこの金額を下回った場合には、不足額（Margin Deficit）がマージンコールとしてFCMから請求される。ヘッジ口座ではIM（当初証拠金）と同額。

【Managed Money】

運用されている資金。CFTCの建玉明細における分解型レポートの一つの参加者分類項目で、「ファンド」のポジションとして注目されている。

【Margin】

証拠金。Performance Bondとも呼ばれる。市場参加者が清算FCMと取引所の清算機構に対して先物契約履行の誠意を示すための預託金であって、原資産商品の一部代金ではない。当初証拠金（Initial Margin）と維持証拠金（Maintenance Margin）の2種類があり、ヘッジ口座では両者は同額となる。

【Margin Call】

マージンコール。先物口座の総資産額（Total Equity）が必要証拠金額を下回った際にFCMから受ける不足額（Margin Deficit）の入金要請。

【Margin Deficit】

マージン不足額。先物口座の総資産額（Total Equity）がMark-to-Marketによって必要証拠金額を下回ったことで、入金が必要となった不足額。

【Margin Excess】

マージン余剰額。先物口座の総資産額（Total Equity）がMark-to-Marketによって必要証拠金額を上回ったことで、出金が可能となった余剰額。

【Market Depth】

市場の深さ。市場価格を動かすことなく大口の売買注文を吸収することができるマーケットの懐の深さを意味する。スプーフィング（Spoofing）という妨害取引には、この市場の深さを架空演出する行為も含まれる。

【Market Manipulation】

市場操作。誤解を招くようなレポートや、虚偽のマーケット情報の意図的な発信、インサイダー取引などに代表される違法行為。

【Market Regulation Department】

CMEの市場規制部門。取引所ルールに対する違反の取り締まりを担う。市場監視、捜査、データ調査、執行など、六つのチームで構成される。

【Market Surveillance Program】

市場監視プログラム。CFTCがアルゴリズム取引によるスプーフィングの摘発などで成果をあげているとした最先端の不正取引探知システム。

【Market Surveillance Team】

CMEの市場監視チーム。市場規制部門（Market Regulation Department）に属し、現物と先物価格の連動性、市場参加者のポジションを監視する。

【Mark-to-Market】

先物ポジションが含み損益を持ち越さないよう、毎日セトルメント価格で損益を現金清算するプロセス。米国の先物市場メカニズムの根幹。

【Matching Algorithm】

マッチング・アルゴリズム。取引所が電子注文をマッチングさせる際に採用しているアルゴリズムで、上場商品ごとに決められた手順が異なる。

【MF Global, Inc.】

2011年に破綻した清算FCM。欧州債務危機による国債の急落が発端。

【MiFID Ⅱ】

Markets in Financial Instruments Directive 2―第二次金融商品市場指令。2018

年の欧州連合による金融、資本市場に係る包括的な新指令で、商品デリバティブ市場に対する規制が強化された。米国のFCMに先物口座を開設しても、欧州の取引所に上場されている先物商品を取引する場合には、このEU規制下のポジション報告フォームの提出がFCMから求められる。

【Minimum Price Fluctuation】

呼値の単位。CBOTの穀物、および油糧種子先物は4分の1セント刻みで、そのオプションは8分の1セント刻み。NYMEXのWTI原油先物は1セント刻み。

【Month Code】

限月記号。速記を目的とする12の各月を表すコードで、原語のつづりとは無関係なアルファベットが用いられている。商品コードと年コードとの間に置かれて先物の契約記号（Contract Code）を構成する。あくまでも記号であって、それがアルファベットのまま音読されることはない。

【MRANs】

Current Market Regulation Advisory Notices―CME最新市場規制注意通達集。通称「エムラン」で、米国のコモディティ先物市場のレギュラトリーリスク管理において、最も重要な情報ソースとなるウェブページ。

【Negative Contract Price Risk Disclosure】

FCMが先物口座開設者へ配布するリスク開示書類の一つで、先物価格が負の値まで下落する可能性があるというリスクを開示する文書。

【Net Equity】

先物口座の純資産額。清算FCM破綻時に、顧客分離口座に生じた不足額を充当するために健全な顧客の資産が使われる際の負担割合を決める額。先物口座全体の市場価値（Account Value at Market）と同義である。

【Net Margining】

清算FCMによるクリアリングハウスに対する顧客証拠金のネット預託で、2013年1月からはグロス（総計）による預託が義務づけられた。

【Net Market Value of Options】

先物口座における保有オプションの市場価値。先物オプションには株式タイプの清算方法が適用されるため、仮に当日の終値で反対売買したとして得られるこの金額は、総資産額（Total Equity）には含まれない。

【New Account Application】

先物口座開設申込書。Customer Account Form参照。

【NFA】

National Futures Association—全米先物協会。CFTCから登録先物協会として指定されている自主規制機関で、FCMなど先物ブローカーとしての登録ステータスはすべてNFAを通じてCFTCに申請し、認可されるものである。

【Non-Clearing FCM】

非清算FCM。CFTCに認可された先物ブローカーのなかで、取引所のクリアリングハウスの会員ではないことから清算FCMに顧客オムニバス口座を開設することで、クリアリング業務だけを清算会員に委託するFCM。

【Non-Commercial】

非商業筋。CFTC建玉明細（COT Report）における分類項目で、保有するポジションがレポータブルレベルに達した市場参加者のうち、それがヘッジ目的ではないと結論された参加者（およびその保有ポジション）。

【Nonreportable】

非報告対象。レポータブルレベルへと達していない（つまりFCMから取引所へ報告されない）小口市場参加者（およびその保有ポジション）。

【Notice of Intention to Deliver】

受渡し通知。先物のショート保有者がFCMを通じて取引所の清算機構に提出する原資産をデリバリーする旨の通知。これによって清算機構は最も古いロングポジションの保有者から順に通知を割り当てていく。

【Notional Principal】

名目元本。想定元本。スワップなどのように差金決済で取引が終了することになる契約が、損益計算根拠として想定している取引数量額。

【NYBOT】

New York Board of Trade—ニューヨーク商品取引所。1998年にCSCE（コーヒー・砂糖・ココア取引所）とNYCE（ニューヨーク綿花取引所）が合併して誕生したが、2007年にICEによって買収された。

【NYCE】

New York Cotton Exchange—ニューヨーク綿花取引所。設立は1870年にまでさかのぼる。1998年にCSCE（コーヒー・砂糖・ココア取引所）と合併してNYBOT（ニューヨーク商品取引所）となるが、2007にICEに買収された。綿花とともに主要な上場商品であった冷凍オレンジジュース先物は、今でもICE Futures USで取引されている。

【NYMEX】

New York Mercantile Exchange―ニューヨーク・マーカンタイル取引所。2008年にCME Groupに買収されて、その傘下の取引所の一つとなった。主な上場先物商品にWTI原油、ガソリン、灯油、天然ガスなどがある。

【OCI】

Other Comprehensive Incomeの略。その他の包括利益。米国会計基準でのキャッシュフローヘッジ取引をヘッジ会計処理する際に、包括利益計算書で計算される（先物など）ヘッジ手段に係る当期のデリバティブ評価損益。いったん、貸借対照表の純資産の部に株主資本の一部として計上され、ヘッジ対象の損益認識時に損益計算書へと戻されることになる。

【OCR】

Ownership and Control Reportingの略。2013年にCFTCが定めた先物口座の所有管理者報告書提出義務で、先物口座開設者は米国先物業協会（FIA）のウェブサイト（FIA OCR）でIDを取得し、FCMに通知する必要がある。

【Offset】

先物口座ですでに見合っているロングとショートを消し込むことにより、総資産額（Total Equity）の一つの構成要素である値洗損益（Open Trade Equity）から、もう一つの構成要素である現金残高へとステートメント内の金額を移動させる作業で、口座の総資産額に変化は生じない。ただし、FIFOで相殺される時価会計の米国においてOffsetは反対売買と同義。

【Omnibus Account】

オムニバス口座。非清算FCMが清算FCMに開設する顧客口座で、オムニバスとは「包括的な、抱合せの、多数のものを含む」という意味。非清算FCMは自社の各顧客口座で行われた先物取引を、クリアリングFCMの顧客オムニバス口座で日々まとめて清算してもらうことになる。

【Open Interest】

取組高。市場の規模を測る物差し。一時点における未決済の建玉総数、つまりいまだ反対売買されていない当該上場商品の先物契約数の総計。

【Open Positions】

FCM発行のデイリーステートメントにおいて、Confirmation欄に続いて当該先物口座の既存ポジションを一覧表示のうえ、Mark-to-Marketする欄。

【Open Trade Equity】

値洗い損益。OTEと略される。先物口座において当日の清算値で既存の全ポジションをMark-to-Marketして算出された損益。含み損益ではなく、清算される実現損益であり、当日現金残高とともに総資産額を構成する。

【Order Ticket】

発注伝票。オーダーチケット。現代でもFCM等の先物ブローカーにはタイムスタンプによる打刻と、証憑としての記録保管義務がある。

【OTC】

Over-The-Counter―相対取引。フォワード取引やスワップ取引など、従来はカウンターパーティーリスクを伴う取引であったが、2008年の金融危機以降は先物取引所のクリアリングハウスを通じて清算される取引が増えてきている。清算スワップ（Cleared Swaps）がその代表例。

【Parent Order】

ペアレントオーダー。親注文。執行アルゴリズムにより子注文（Child Order）へとスライスされる前の、顧客が発注したオリジナルの注文。

【Performance Bond】

パフォーマンスボンド。証拠金、つまりマージンと同義だが、日々の損益清算において売買損失の支払請求を「マージンコール」と呼ぶことが、その支払が証拠金預託であるかのような誤解を生む温床にもなっており、CMEグループでは証拠金にPerformance Bondという別称を与えることで、証拠金預託と損失支払の区別啓蒙を試みている模様。

【Porting】

顧客の移植。清算FCMが破綻した際、その顧客をクリアリングハウスがほかの健全な清算FCMへ移管すること。

【Position Accountability Levels】

ポジション責任レベル。保有ポジションがこの水準へ達した市場参加者はCFTCや取引所からの要請があれば、当該ポジションの意図、売買ストラテジー、およびヘッジに関する情報などについて報告する責任がある。

【Position Limits】

ポジションリミット。連邦レベルと取引所レベルの２層構造になっており、いずれに対してもすべての市場参加者は、たとえ取引時間中の一瞬であっても（ヘッジ免除枠がない限り）それらを超過してはならない。

【Posting】

ポスティング。ブロックやEFRPなどの市場外相対取引を、その成立後に取引所のクリアリングハウスへ先物取引として持ち込む行為のこと。

【Pre-Arranged Trade】

事前の売買アレンジ。売り手と買い手の売買に係るリスクの欠如、市場価格の変動から受ける影響の欠如、および、ほかの市場参加者が当該売買に参加しうる機会の欠如、の３条件が違法行為となる基準とされている。

【Premium】

プレミアム。オプション価格、つまり保険料の意味。ただし、これとは別にコモディティのベーシス価格（現物価格と先物価格との差）のことをプレミアム（あるいはディスカウント）と呼ぶこともある。

【Pre-Negotiated Trade】

個別の価格交渉。事前の売買アレンジ（Pre-Arranged Trade）にまで至らなくても、個別の交渉によって売買の相手方に便宜を図るような行為はすべて非競争売買として違法とみなされる可能性が高い。

【Priced Commodity】

先物市場ですでに値決め（プライシング）された状態のコモディティ。Fixed-Priced Commodityとも表現される。

【Price Discovery】

価格発見（機能）。取引価格がその対象の価値を適正に反映するようにマーケットが果たすべき機能で、競争原理の働いたオープン市場で多くの参加者が公正に売買することがその前提条件であるとされている。

【Price Quotation】

上場先物商品の標準化された価格表記。NYMEXのWTI原油先物におけるバレル当りUSドルセント、CBOTのコーン先物におけるブッシェル当りUSセントなど。

【Pricing】

プライシング。値決め。先物価格リスク負担者が原資産の買い値、あるいは売り値を確定させるために当該商品の先物市場で行うヘッジ取引。

【Product Code】

商品記号。上場先物商品ごとに決められているアルファベット１～３文字のコード。CBOTコーン先物がC、NYMEXのWTI原油先物がCLなど。

【Pro Rata】

比例して、割合に応じて。清算FCM破綻時に顧客分離口座の不足額へと充当される健全顧客資産の負担割合などを決定する際に用いられる。

【Put Option】

プットオプション。先物などの原資産をあらかじめ決められた価格で期限内に売ることができる権利。先物による売りヘッジの代替となる。

【Recklessness】

ドッド・フランク法で新たに取り入れられた法的な証明が容易とされる心理状態。発注者に故意がなくても、常識的に妨害取引などの結果を当人が予想できなかったとはにわかには信じがたいと判断されれば違法となる。

【Refco, Inc.】

2005年に破綻した清算FCM。大口のヘッジファンド顧客の損失隠蔽が破綻の原因で、最終的に一部の顧客資産が返還されない結果となった。

【Regulatory Risk】

レギュラトリーリスク。規制に関するリスク。法やレギュレーション（およびその変更）が企業や個人、市場に与える不確実性と影響の総称で、米国先物市場の参加者にとっては最大のリスクと認識すべきもの。

【Reportable Position Levels】

レポータブルポジションレベル。CFTCが上場商品ごとに定めた一定のポジション数量で、これに一商品においてでも到達した市場参加者は、口座をもつFCMから取引所へ全商品の全保有ポジションが毎日報告され始め、CFTCから「大口市場参加者」として認識されることになる。

【Residual Interest】

余剰持分。清算FCMが顧客分離口座にバッファーとして維持しておかなければならない自己資金で、日々の計算と報告が義務づけられているうえに、当局の許可がなければ清算FCMはそれを引き出すことができない。

【Risk Disclosure Document】

リスク開示書類。Risk Disclosure Statementなどとも呼ばれる。FCMが新規口座開設申請者に対して事前に配布することを義務づけられている書類で、口座開設書類（Account Forms）の一部。開示が必要なリスクの多様化に伴い、現在ではその数が10種類から20種類にも達している。

【S&P 500 Index】

スタンダード・アンド・プアーズ500種株価指数。米国で最も代表的な株価指数。一般に米国株式市場全般の価格上下は、ダウ工業株30種平均ではなく、S&P 500種株価指数をもって語られ、この株価指数を原資産とするさまざまな種類の先物、および先物オプションがCMEに上場されている。

【SEC】

U.S. Securities and Exchange Commission―米証券取引委員会。

【Self-Clearing】

自己清算。清算FCMの自己ポジションのほか、同FCMと資本関係がある顧客のポジションも自己清算として、顧客分離口座からは除外される。

【Settlement Price】

セトルメント価格。清算値。上場先物商品の限月ごとに、取引所のクリアリングハウスがその日の損益清算（Mark-to-Market）を実施するために用いる当日の終値。すべての先物ポジションは毎日この清算値で実質的に再建玉されて次の取引日を迎えることになる。

【Shipping Certificate】

取引所承認の受渡し施設が発行したデリバリー保証書。清算機構からデリバリーの通知を受けたロング保有者が、商品代金の支払によって受け取る原資産商品。倉荷証券（Warehouse Receipt）の場合もある。

【Short Futures】

先物売り。ショートスワップと同じ経済効果を生む先物ポジション。

【Short Hedge】

売りヘッジ。生産者などが、販売するコモディティの価格下落リスクを他者へ転嫁する行為。先物の売り、プットオプションの買いなど。

【Short Swap】

スワップの売り。固定価格（Fixed Price）を受け取るかわりに変動価格（Floating Price）を支払うという売買契約。先物売りの代替となる。

【Single Month Limit】

単一限月リミット。CFTCが「レガシー」農産品９市場に対してのみ設定している一限月当りのポジション数量制限（連邦リミット）。

【Slippage】

スリッページ。売買執行時の不可抗力的な「滑り幅」を指し、流動性の低い市場におけるビッド、オファー価格の乖離などにより助長される。

【SPAN】

Standard Portfolio Analysis of Riskの略。CMEが1988年に開発した証拠金の算出システムで、先物、先物オプションを含むポートフォリオ全体へのリスク分析によってマージンを算出する。現在では世界の主な取引所や清算機構で、CMEとのライセンス契約によってSPANが採用されている。

【Speculative Account】

投機口座。スペック口座。市場参加者の主たる先物取引の目的が投機であれば、開設される先物口座は投機口座となり、FCMからは維持証拠金の130%前後という割高な当初証拠金の預託を求められることになる。

【Speculator】

投機家。スペキュレーター。価格変動リスクのヘッジという経済行為に必要な先物市場へ流動性を供給する社会的役割を担う。人工的につくったリスクを自ら負って楽しむギャンブラーとは根本的に異次元の存在。

【Spoofing】

スプーフィング。見せ玉。ドッド・フランク法によって妨害取引であると明確化された違法行為で、当初から取引成立する前にキャンセルするつもりでビッドやオファーを先物市場に出すこと。CFTCの専門タスクフォースによる捜査の結果、2020年に歴史的な罰則事例が生まれた。

【Spot Month Limit】

スポット限月リミット。CFTCが2020年に25の先物商品に対して定めたスポット限月のポジション数量制限。スポットの定義は取引所、商品によって異なるが、たとえばCBOTの穀物先物の場合には、受渡し当月初日の2営業日前の取引終了時点で期近限月が「スポット」限月となる。

【Standardized】

標準化。上場商品ごとに規格、品質、売買単位、呼値、受渡し条件等が標準化されたことで、先物取引所へ売買が集約されることになった。

【Statement】

ステートメント。先物口座の明細書、報告書で、FCMは日次（Daily）と月次（Monthly）で作成のうえ、顧客に対してEメールで配布している。

【Statement of Cash Positions】

CFTCが2021年末に廃止した穀物、油糧種子の月次現物ポジション報告。Form

204と呼ばれていた。同様の内容は、今後大口ヘッジャーが取引所にヘッジ免除枠を申請する際に直近12カ月分を報告することになる。

【Statement of Comprehensive Income】

包括利益計算書。米国会計基準によるキャッシュフローヘッジ取引の会計処理において損益計算書の後に作成される計算書で、ヘッジ手段である（先物など）デリバティブ取引の当期にヘッジ効果があった部分の評価損益を「その他の包括利益（Other Comprehensive Income—OCI）」として、当期純利益に加えることにより「当期包括利益」を計算する。

【Stock-Type Settlement】

株式タイプの清算方法。先物のように日々の損益をセトルメント価格で現金清算するのではなく、株式のように反対売買するまでは損益を実現させない値洗い方法。米国市場では先物オプションに（先物タイプではなく）この株式タイプの清算方法が採用されている。

【Strict Liability】

厳格責任、無過失責任。米国先物市場におけるポジションリミットに対する違反責任がこれに当たり、違反者は故意がなくても罰せられる。

【Strike Price】

ストライクプライス。権利行使価格。オプションの買い手がその権利を行使した際にコールオプションであれば原資産の買い値、プットオプションであれば原資産の売り値となる価格。オプションが納会した時点において本質的価値をもつか否かの分岐点となる価格でもある。

【Supplemental】

補足版（COTレポート）。指数トレーダー（Index Trader）という新しいカテゴリーを加えて2006年から発表され始めたCFTCの補足版建玉明細。

【Swap】

スワップ。主に金利や通貨などのキャッシュフローを交換する相対取引の総称で、コモディティのスワップは先物と同様の経済効果を生む。

【Swap Dealers】

スワップディーラー。2010年に成立したドッド・フランク法によって新たに設けられたCFTCへの登録ステータス。大手銀行が主な登録企業。

【Synthetic Long】

シンセティックロング。合成ロング。コールオプションの買いと、プットオプションの売りによって、先物など原資産のロングと同様の経済効果を生むことになる合成ポジション。デルタロングとなる。

【Synthetic Short】

シンセティックショート。合成ショート。プットオプションの買いと、コールオプションの売りによって、先物など原資産のショートと同様の経済効果を生むことになる合成ポジション。デルタショート。

【Theta】

セータ。オプションの残存日数が1日減少した場合のプレミアム減少額で、ギリシャ文字のθによって示される。

【Time Decay】

タイムディケイ。オプションの時間的価値が時間の経過に連れて減少していくこと。減少率はセータ（Theta）というリスク指標で示される。

【Time Value】

タイムバリュー。オプションがもつ時間的価値。貨幣の時間価値（Time Value of Money）とは別の概念で、時間だけではなく、期待や不安といった不確実性に対する価値であるともいえる。

【Total Equity】

先物口座の総資産額。当日現金残高（Ending Balance）と値洗損益（Open Trade Equity）との合計額で、当該顧客のFCMに対する預託資産額。

【Trading Places】

1983年のコメディー映画。邦題「大逆転」。ダン・エイクロイド扮するウィンソープと、エディ・マーフィ扮するホームレスのバレンタインが（銀買占めで悪名高いハント兄弟を思わせる）デューク兄弟と、冷凍オレンジジュース先物市場で対決し、大逆転するクラシックな名作。

【Transfer Trade】

トランスファー取引。市場外取引の一つで、複数の清算FCMに先物口座をもつ市場参加者が、自身のポジションをFCM間で移管する取引。

【Transitory EFRP】

一過性のEFRP。CMEは取引所ルールで禁止している。EFRPを他の取引を実現するための経由手段として利用したとみなされれば違反となる。

【Underlying Contract】

原市場、原資産。たとえば、株価指数オプションの原資産は株価指数で、株価指数先物オプションの原資産は株価指数先物（フューチャーズ）。

【Under-Segregated】

顧客分離口座の顧客資産残高に清算FCMの余剰持分（Residual Interest）を足しても、分離保管義務が履行できていない水面下へ沈んだ状態。

【USDA】

U.S. Department of Agriculture—米国農務省。

【Variation Margin Call】

先物口座の総資産額（Total Equity）がすべて失われるようなマーケットの価格変動が生じた場合に、FCMが当該顧客に求める当日中の緊急の入金要請。Variation Marginという種類の証拠金があるわけではない。

【Vega】

ベガ。インプライド・ボラティリティーの変動に対するオプション価格の変化を示す指標。ギリシャ文字ではないが、オプションのリスク指標を総称するいわゆるGreeksの一つとされている。

【Volume】

出来高。市場の流動性を測る物差し。一定期間内に成立した売買数量。その期間にどれほどマーケットが活況を呈していたのかを知る目安。

【VS Cash】

バーサスキャッシュ。EFPの通称。現物（Cash）に対して、という意味が語源で、主にシカゴ穀物などのコモディティ先物市場で使われる。

【Warehouse Receipt】

倉荷証券。清算機構から先物のデリバリー通知を受けたロング保有者が、商品代金を支払うことで受け取る原資産。取引所承認の受渡し施設が発行したデリバリー保証書（Shipping Certificate）の場合もある。

【Wash Trade】

ウォッシュトレード。CFTCが仮装売買（Fictitious Trade）として禁じている代表的な違法行為の一つであり、単一の所有者や受益者が売り手と買い手の両方になる取引のことを指す。クロストレードは合法。

【Wiring Instruction】

銀行口座情報。FCMは顧客が先物口座開設申込書において登録した以外の銀行口座とは、証拠金などの入出金を行うことができないので注意。

【Year Code】

年記号。商品記号や限月記号とともに先物の契約記号を構成するコードで西暦の最後の１字、あるいは２字を用いる。たとえば、2030年の年記号は０でも通じるが、30としたほうが誤解を生むリスクは低くなる。現在に最も近い年の先物限月を売買する場合に年記号は省略されることが多い。

事項索引

【さ行】

【た行】

【な行】

【は行】

【ま行】

【や行】

米国コモディティ先物取引の実相
――その知られざる設計思想とメカニズム

2023年7月26日　第1刷発行

監修者　安　丸　　徹
著　者　髙　田　寛　之
発行者　加　藤　一　浩

〒160-8519　東京都新宿区南元町19
発　行　所　**一般社団法人 金融財政事情研究会**
出　版　部　TEL 03(3355)2251　FAX 03(3357)7416
販売受付　TEL 03(3358)2891　FAX 03(3358)0037
URL https://www.kinzai.jp/

校正:株式会社友人社／印刷:株式会社日本制作センター

ISBN978-4-322-14359-1